William H. McRaven

DER HERO CODE

William H. McRaven

DER HERO CODE

10 Dinge, die ich von mutigen Menschen gelernt habe und die auch dein Leben verändern

riva

Bibliografische Information der Deutschen Nationalbibliothek
Die Deutsche Nationalbibliothek verzeichnet diese Publikation in der Deutschen Nationalbibliografie. Detaillierte bibliografische Daten sind im Internet über http://dnb.d-nb.de abrufbar.

Für Fragen und Anregungen
info@rivaverlag.de

Wichtiger Hinweis
Ausschließlich zum Zweck der besseren Lesbarkeit wurde auf eine genderspezifische Schreibweise sowie eine Mehrfachbezeichnung verzichtet. Alle personenbezogenen Bezeichnungen sind somit geschlechtsneutral zu verstehen.

1. Auflage 2021

Türkenstraße 89
80799 München
Tel.: 089 651285-0
Fax: 089 652096

Übersetzung: Peter Peschke
Redaktion: Rainer Weber
Umschlaggestaltung: Karina Braun, München
Satz: Carsten Klein, Torgau
Druck: GGP Media GmbH, Pößneck
Printed in Germany

ISBN Print 978-3-7423-1908-1
ISBN E-Book (PDF) 978-3-7453-1627-8
ISBN E-Book (EPUB, Mobi) 978-3-7453-1628-5

Ich widme dieses Buch all den bemerkenswerten Frauen und Männern, die gegen die COVID-19-Pandemie gekämpft haben, damit wir Übrigen leben und mit unseren Leben fortfahren konnten – all jenen aus der Wissenschaft und dem Gesundheitswesen, jenen, die uns mit Waren und Dienstleistungen versorgen und beliefern, sowie jenen, die die Sicherheit auf unseren Straßen gewährleisten. Wenn es jemals Menschen gab, die sich des Heldentitels als würdig erwiesen haben, dann seid ihr es. Danke für alles, was ihr getan habt.

Inhalt

Einführung

1960, da war ich fünf Jahre alt, war mein Vater, ein Offizier der Luftwaffe, im französischen Fontainebleau stationiert. Er war Abkommandierter des *Supreme Headquarters Allied Powers Europe* (SHAPE), des Obersten Hauptquartiers der Alliierten Streitkräfte in Europa. Wir lebten in einem alten dreigeschossigen Haus in einer abgelegenen Gegend namens Bella Woods. Da es zu Hause nur wenige moderne Annehmlichkeiten und keinen Fernseher gab, verschlang ich als Heranwachsender amerikanische Comic-Hefte: Batman, Spider-Man, Die Fantastischen Vier, die X-Men, Hulk, Thor und Aquaman. Aber es gab einen Helden, der meine Fantasie ganz besonders beflügelte. Ein waschechter Amerikaner. Sein Kostüm war rot, weiß und blau. Er stammte aus einer Kleinstadt in Kansas und er hatte unglaubliche Kräfte. Schneller als eine Pistolenkugel, mit einem Satz konnte er auf die Dächer hoher Gebäude springen, unentwegt rettete er Frauen, Kinder und Männer in Not. Er war »der Held der Hilflosen und Unterdrückten«. Während des Krieges hatte mein Held gegen Nazis, Faschisten, imperiale Warlords und fünfte Kolonnen jeder Couleur gekämpft. In Zusammenarbeit mit amerikanischen Soldaten und Seemännern »wagte er sich hinaus in eine gigantische Schlacht um die Zukunft der Demokratie«, und er gewann. Er war der *Man of Steel* der Action-Comics: Superman!

Ich wollte unbedingt wie Superman sein. Es gab im ganzen Haus kein Handtuch, das nicht irgendwann als Cape herhalten musste. Ich sprang von Stühlen, Sofas, Tischen, was immer sich anbot, meinen Helden nachzuahmen. Eines Tages, wenn die Welt wieder in Schwierigkeiten wäre, würde Superman zu ihrer Rettung eilen, das wusste ich. Vielleicht könnten er und ich uns zusammentun. Batman hatte Robin; warum sollte Superman keinen Sidekick haben können?

1963 wurde mein Vater zurück in die Vereinigten Staaten versetzt. Meine Familie und ich reisten nach Calais, Frankreich, gingen an Bord des Ozeandampfers *SS United States* und legten nach viertägiger Reise in New York City an. Kaum dass wir im Hotel eingecheckt hatten, schaltete ich den Fernseher ein. Und dort, in fantastischem Schwarz-Weiß, war mein Held; von Gebäude zu Gebäude springend, Kugeln an ihm abprallend, rettete er Lois Lane – und all das spielte sich in der Stadt Metropolis ab. Metropolis, New York City. Ich war hier, in Metropolis. Wenn ich hier war, dann war vielleicht, vielleicht nur, auch Superman hier.

Während der folgenden Tage erkundeten mein Vater und ich die Stadt. Wir schauten uns alles an – das Empire State Building, die Weltausstellung, den Times Square. Doch während wir uns unseren Weg durch die Schluchten der Wolkenkratzer bahnten, schaute ich ständig nach oben, in der Hoffnung, einen Blick auf den Mann aus Stahl zu erhaschen. Gelegentlich machte mein Vater halt und fragte mich, ob alles in Ordnung sei. *Sicher, sicher, alles gut.* Was sollte ich sagen, ich war damals acht Jahre alt – viel zu alt, um noch wirklich an Superman zu glauben. Mein Verstand wusste, dass er nur eine Figur aus einem Comic-Heft war, aber mein Herz, oh mein Herz, das hoffte aufrichtig, dass es ihn wirklich gab. *Denn wenn es Superman wirklich gäbe, dann könnte er alle Probleme der Welt lösen.* Nichts war zu schwierig für Superman. Die Nazis konnten ihn nicht aufhalten. Aliens konnten ihm nichts anhaben. Kein Verbrecher war klug genug, als dass er meinen Helden hätte austricksen können.

Schließlich hielt mein Vater mich an, stehenzubleiben, und er fragte mich: »Bill, was ist denn los?« Ich schämte mich, es ihm zu sagen, aber nach einigem väterlichen Insistieren antwortete ich schließlich: »Na ja, New York City ist doch Metropolis, und ich …« Ich zögerte. »Ich hatte gehofft, ich würde Superman sehen.« Dad lächelte, legte seinen Arm um mich, zeigte auf einen New Yorker Polzisten und sagte: »Junge, das ist der Mann, der New York City beschützt.«

Wenn man im Alter von acht Jahren bereits eine Epiphanie haben kann, nun, dann war dies die meine. Wenn es Superman nicht wirklich gab, wer würde dann die Welt retten? Wenn Superman oder Batman oder Spider-Man nicht kämen, wie würden wir dann die Verbrecher, die Nazis, die Sowjets, die Außerirdischen und all die Gewalt, all die Zerstörung aufhalten? Die Antwort lag auf der Hand: *Es lag an uns selbst.*

Mit der Zeit fixierte ich mich auf die Helden aus dem wahren Leben: Astronauten, die danach strebten, zum Mond zu gelangen, Ärzte, die Impfstoffe schufen, um Millionen Leben zu retten. Zivile Führungsfiguren, die für die Rechte der Unterrepräsentierten marschierten. Politische Führungsfiguren, die neue Regierungen bildeten und dem Volk eine Stimme gaben. Dekorierte Soldaten, die aus Korea und später aus Vietnam zurückkehrten. Sportler, die die Beschränkungen überwanden, die ihnen wegen ihrer Hautfarbe auferlegt waren. Abenteurer, die höher kletterten, tiefer tauchten, weiter hinaussegelten und das Unbekannte erkundeten. Visionäre, die versuchten, die Luft zu reinigen, die Meere zu retten und die fragilen Ökosysteme zu schützen. All diesen bemerkenswerten Männern und Frauen galt meine Bewunderung, aber ich hatte dabei stets im Hinterkopf, dass ich kein bisschen wie sie war. Sie waren klüger, stärker, mutiger. Sie hatten all die Eigenschaften, an denen es mir mangelte. Sie hatten Superkräfte, über die ich schlicht nicht verfügte. Deshalb waren sie Helden, und deshalb waren sie die einzigen Menschen, die die Welt retten konnten.

Doch da irrte ich mich.

1977 machte ich meinen Abschluss an der University of Texas in Austin und trat den Navy SEALs bei. Während der darauffolgenden siebenunddreißig Jahre bereiste ich die Welt. Ich sah die schlimmsten Seiten der Menschheit: Krieg und Zerstörung, Krankheit und Armut, Grausamkeit und Gleichgültigkeit. Die Welt war voller Probleme, scheinbar kaum zu bewältigende, unlösbare, unmögliche Probleme! Doch in diesen siebenunddreißig Jahren habe ich auch die besten Seiten der Menschheit gesehen: Männer und Frauen, die sich für den Frieden einsetzten, die ganze Nationen wieder aufbauten, die Krankheiten heilten und den Armen aus ihrer Not heraushalfen. Männer und Frauen, deren Mitgefühl so tiefgreifend war, dass die Grausamkeit und Gleichgültigkeit anderer daneben verblassten; Männer und Frauen aus allen Gesellschaftsschichten, mit den unterschiedlichsten sozioökonomischen Biografien, Menschen aller Ethnien und Glaubensrichtungen, Menschen jedweden Geschlechts und jedweder sexueller Orientierung.

Mir wurde bewusst, dass in jedem von uns ein Held steckt. Seit Anbeginn der Menschheit gibt es einen immanenten Code, einen Kodex also. Er ist in unsere DNA eingeschrieben. Er hat die von Afrika ausgehende globale Ausbreitung der Menschheit vorangetrieben. Er rief die Entdecker dazu auf, durch Wüsten und über Ozeane zu reisen. Er half, die großen Religionen zu erschaffen. Er ermutigte die frühen Wissenschaftler und Philosophen. Er nährte die Kranken und Gebrechlichen. Er sprach die Wahrheit zu den Massen. Er brachte Ordnung ins Chaos und gab den Verzweifelten Hoffnung. Dieser Code ist keine Chiffre und auch keine Geheimschrift; er ist kein Rätsel, das es zu lösen gilt. Er ist ein Moralkodex, ein innerer Verhaltenskodex, der die Menschheit antreibt zu erkunden, zu fördern, zu trösten, zu inspirieren und zu lachen, damit Gesellschaften gedeihen können.

Dies ist ein Buch über Helden und die Tugenden, die ihnen innewohnen. Womöglich fragen Sie sich, ob Sie jemals so tapfer, mitfühlend oder bescheiden sein können, wie es die Männer und Frauen in diesen Geschichten sind. *Glauben Sie mir, das können Sie!* Einigen fällt es von Natur aus leichter, den Hero Code zu leben. Aber die meisten von uns müssen erst lernen, wie diese Tugenden sich ans Licht bringen lassen. Wir müssen sie im Leben anderer erblicken und versuchen, sie in uns selbst zu spiegeln. Wir müssen diese Eigenschaften durch kleine Schritte aufbauen, bis sie schließlich zum Fundament unseres Charakters werden.

Ich hoffe, dass Ihnen die Geschichten in diesem Buch und die darin enthaltenen Lektionen in Sachen Charakter von Wert sein werden, wenn Sie Ihr eigenes Leben aufbauen, ein Leben, das den Respekt anderer verdient. Die schmerzliche Wahrheit lautet: Superman wird uns nicht retten. Jeder von uns wird seinen Teil beitragen müssen. Jeder von uns wird den Helden in sich finden und zum Vorschein bringen müssen. Also, schnappen Sie sich ein Handtuch, steigen Sie auf einen Stuhl, und wagen Sie mit mir den Sprung!

KAPITEL EINS

Mut

Als ich in die große Kommandozentrale des Hauptquartiers meiner Spezialeinheit in Tampa kam, rief ein Sergeant in Camouflage-Uniform die Soldaten zur Achtung. Alle standen von ihren Schreibtischen auf und standen stramm, bis ich mich an den Haupttisch gesetzt hatte.

»Nehmen Sie bitte Platz«, verkündete ich.

Es war das tägliche Kommando-Briefing, und mehr als einhundert Soldaten, Navy-Leute, Marines, Angehörige der Air Force und Zivilisten befanden sich im Raum, allesamt darauf vorbereitet, mich, den Vier-Sterne-Admiral, mit Informationen zu den Ereignissen der vorangegangenen Nacht zu versorgen.

An der neun Meter hohen Wand vor mir befanden sich mehrere 70-Zoll-Flachbildschirme, von denen jeder einzelne wichtige Informationen zu unseren weltweit laufenden Sondereinsätzen zeigte. In der Mitte der Wand befand sich eine riesige Ansammlung von Kameras und Mikrofonen, die mir Videokonferenzen mit meinen Kommandeuren ermöglichten.

Mir zur Seite saß mein Command Sergeant Major, Chris Faris, ein hochdekorierter Ranger und Operator bei den Special Forces. Faris und ich hatten seit fünf Jahren zusammengearbeitet. Ich betrachtete ihn als unentbehrlich. Aber als ich mich ihm zuwandte, um ihn zu grüßen, war mir klar, dass etwas nicht in Ordnung war. Er war still und erwiderte meinen Gruß mit einem schlichten Kopfnicken.

An der anderen Seite des Kommandozentrums begann ein junger Offizier damit, die Ergebnisse der Missionen der vorangegangenen Nacht zusammenzufassen. Er hakte einige Ranger- und SEAL-Einsätze in Afghanistan ab, sprach über ein paar Trainingsprogramme in Afrika, und dann kam er zu der Auflistung der Todesopfer. Im Stillen sprach ich ein Gebet, als der Offizier zu sprechen ansetzte.

»Sir, letzte Nacht wurden drei unserer Soldaten in der Provinz Kandahar getötet: PFC Christopher Horns, Sergeant First Class Kris Domeij und …« Er machte eine Pause. »Lieutenant Ashley White aus dem Cultural Support Team.«

Ich holte tief Luft.

»Was ist passiert?«, fragte ich mit der gebotenen Fassung.

»Sir, die Ranger haben einen Routineeinsatz in Kandahar durchgeführt, und das Gelände der Taliban war mit Sprengfallen versehen. Die beiden Ranger und Lieutenant White sind auf eine Druckmine getreten, die daraufhin explodierte. Die Ranger waren sofort tot.« Wieder hielt der junge Offizier inne und mühte sich, den nächsten Satz herauszubringen.

»Lieutenant White wurde bei der Explosion schwer verwundet.« Er zögerte. »Der Ambulanzhelikopter flog sie nach Kandahar, aber im Krankenhaus ist sie verstorben.«

Jeder im Raum schaute entweder zu Boden oder auf mich.

Es ist niemals einfach, Soldaten zu verlieren. Die Leben der beiden Ranger waren keinen Deut weniger wertvoll, aber dem Vater in mir, dem Vater einer Tochter, die in etwa so alt war wie Ashley, fiel es irgendwie besonders schwer, ihren Verlust zu akzeptieren. Es war nicht die erste Frau, die ich im Gefecht verloren hatte, aber dieses Mal war es etwas Persönliches. Ashley White wäre niemals bei diesem Einsatz dabei gewesen – wenn nicht meinetwegen.

Als Drei-Sterne-Admiral hatte ich 2008 die Führung des Joint Special Operation Command übernommen. Zwar war die Kommandoeinrichtung in North Carolina stationiert, doch verbrachten wir den Großteil unserer Zeit im Irak und in Afghanistan. Nachdem ich mir Nacht für Nacht unsere Kampfhandlungen angesehen hatte, wurde mir klar, dass wir amerikanische Frauen für unsere Einsätze benötigten. Wir brauchten diese Frauen, um in Kontakt mit den weiblichen Afghanen zu treten, die wir ins Visier genommen hatten. Tatsache war, dass Männer, selbst afghanische Männer, kulturell ungeeignet waren, um mit Angehörigen des anderen Geschlechts zu interagieren. Dabei waren es doch die afghanischen Ehefrauen, die Töchter und die Schwestern, die wichtige Informationen über den Feind hatten, dem wir auf der Spur waren. Ohne Soldatinnen, die mit den afghanischen Frauen interagieren konnten, kämpften wir mit nur einer Hand, während uns die andere auf den Rücken gebunden war. Ohne Soldatinnen waren unsere Einsätze ungleich riskanter. Doch brauchte ich nicht einfach irgendwelche Soldatinnen – ich brauchte die besten. Ich brauchte Frauen, die furchtlos waren, physisch und psychisch durchsetzungsfähig, die in der Lage waren, dem andauernden Stress standzuhalten, den der Krieg mit sich brachte. Frauen, die Seite an Seite mit kampferprobten Kriegern stehen konnten, ohne sich von deren Erfahrung einschüchtern zu lassen; Frauen, die sich von deren Schroffheit und ihrem kaltschnäuzigen Verhalten nicht aus der Bahn werfen lassen würden. Jede einzelne Nacht lieferten wir uns schwere Gefechte; über die Jahre hatten sich zahlreiche Verluste angehäuft, und diese Verluste hatten es mit sich gebracht, dass immer mehr Männer vom Töten gezeichnet waren. Ich benötigte Frauen, die genauso widerstandsfähig und genauso tapfer waren, die sich dem Einsatz in genau der gleichen Weise verschrieben. Infolgedessen beantragte ich, dass die mir übergeordneten Hauptquartiere veranlassten, weiblich besetzte Cultural Support Teams (CSTs) für meine Kampfeinheit bereitzustellen. Ashley White war eine der ersten Freiwilligen.

Alle CST-Kandidatinnen wurden nach Fort Bragg, North Carolina, geschickt, wo sie sich einem ausgiebigen physischen und psychologischen Training unterziehen mussten, um sich auf ihren Auslandseinsatz vorzubereiten. Ashley war unglaublich gut in Form, konnte zwanzig Klimmzüge am Stück liefern und es bei den meisten physischen Tests mit den Männern aufnehmen. Einer der Ausbilder nannte sie »die stille, blonde Megatron«, in Anlehnung an die »Transformer«-Actionfigur. Aber sie war nicht nur bemerkenswert zäh, sondern auch in jedweder Hinsicht eine Dame. Ihr CS-Teammitglied Captain Meghan Curran sagte über Ashley: »Sie war Ehefrau und Tochter … Sie hatte eine weiche Seite und hatte keine Angst. Sie hatte keine Angst, gleichzeitig feminin und eine Kämpferin zu sein.«

Im August 2011 schließlich war Ashley in Afghanistan und absolvierte Einsätze mit dem 75th Ranger Regiment, der Elite-Infanterieeinheit der Nation. Nur wenige Wochen nach ihrer Ankunft im Land nahm sie an Feuergefechten mit den Taliban teil. Das brachte ihr die begehrte Combat-Action-Auszeichnung ein, die nur Soldaten und Soldatinnen verliehen wird, die unter Beschuss des Feindes geraten sind. Mit der ihr eigenen Bescheidenheit hatte sie den Einsatz als nebensächlich abgetan.

Jeden Abend warf Ashley sich in ihre Schutzkluft, schnappte sich ihr Gewehr, stieg in einen Helikopter und flog in die Dunkelheit der Nacht, ohne zu wissen, ob sie zurückkehren würde. Doch trotz der Gefahr, trotz der Risiken, trotz der Möglichkeit, alles zu verlieren, war ihre größte Furcht, dass sie ihre Kameraden enttäuschen könnte, dass sie womöglich nicht vor Ort wäre, wenn sie gebraucht würde. Doch Ashley White ist *immer* für ihre Kameraden da gewesen. Sie war *immer* bereit. *Immer* vorbereitet. *Immer* auf die Mission fokussiert. Der Abend des 22. Oktobers 2011 war in dieser Hinsicht keine Ausnahme. Sie legte ihr Rüstzeug an. Sie schob ihre Ängste beiseite und stieg in den Helikopter; denn ganz egal, was die Nacht bereithielt, sie würde die Soldaten, die sie liebte, nicht hängenlassen. Der einzige Unterschied in jener Nacht war, dass Ashleys bemerkenswerte Tapferkeit ihr das Leben kosten sollte.

Ständige Gefechte machen einen Menschen mürbe. Die Angst nagt jede Nacht an dir. Sie flüstert in dein Ohr und macht sich deine schlimmsten Albträume zunutze. Es erfordert bereits außerordentlichen Mut, morgens aufzustehen und sich dem Tag zu stellen. Noch größeren Mut erfordert es, sich dem Tag mit Enthusiasmus zu stellen, um die Herausforderungen und Risiken wissend, die vor einem liegen. Doch wahre Helden, so wie Ashley White, tun eben dies, weil sie den Mut aufbringen, sich ihren Ängsten zu stellen, und weil dieser Mut ihre Nerven stählt und ihre Entschlossenheit stärkt.

In jedem Brief, den ich den Eltern oder Ehepartnern gefallener Soldaten geschrieben habe, habe ich ohne Zögern gesagt, dass ihre Helden gestorben sind, als sie taten, was sie liebten, an der Seite von Männern und Frauen, von denen sie geliebt und respektiert wurden. Und wenn ich auch wusste, wie schmerzvoll diese Worte in ihrer Zeit der Trauer waren, so war es doch die Wahrheit. Ashley White hat die Kameraden, mit denen sie diente, geliebt, und ihr Mut war der Inbegriff dieser Liebe. Das galt ebenso für Lieutenant Mike Murphy, Chief Mike Monsoor, Sergeant John Chapman und Sergeant Robbie Miller, allesamt Träger der Ehrenmedaille des Kongresses – und auch für die SEALs und Soldaten an Bord der Helikopter *Turbine 33* und *Extortion 17*, die losgeflogen sind, um ihre Kameraden zu retten, aber nie wieder zurückkehrten. Es gilt auch für die Tausenden anderer Soldaten, Navy- und Air-Force-Leute, Marines und Zivilisten, die seit 9/11 so viel gegeben haben.

Doch Mut ist nicht allein dem Wirkungsbereich von Kämpfern zuzurechnen. Weit gefehlt! Gleichen Heldenmut habe ich auch bei Ärzten gesehen, die die Schwachen versorgen, bei Polizisten auf Streife, bei Feuerwehrleuten, die in zusammenstürzende Häuser vordringen, bei Eltern, die ihre Kinder schützen, und bei zahllosen anderen Männern und Frauen, die den Mut aufbrachten, ihre Ängste zu überwinden und Außergewöhnliches zu vollbringen.

Manchmal jedoch verblasst der physische Mut, sich dem Feind der Nation oder den Gefahren auf der Straße zu stellen, wenn man ihn mit dem Mut vergleicht, den es braucht, um sich dem Feind im Innern zu stellen. Jeder von uns muss sich in seinem Leben Herausforderungen stellen: Angst, Ungewissheit, Reue, Alkohol, Drogen, Depressionen … dem Leben. So oft hat mich der Mut anderer inspiriert, die sich ihren eigenen Dämonen stellten. Mit großem Stolz habe ich verfolgt, wie mein Command Sergeant Major Chris Faris und seine Ehefrau Lisa ihre persönliche Geschichte mit Tausenden Soldaten teilten. Sie erzählten von Chris' posttraumatischem Belastungssyndrom und ihrem gemeinsamen Kampf, die Familie zusammenzuhalten. Indem sie sich öffentlich dazu bekannten, ermutigten Chris und Lisa Hunderte anderer leidender Soldaten dazu, sich Hilfe zu suchen. Ohne Zweifel hat ihr Mut vielen jungen Männern und Frauen am Rande des Suizids das Leben gerettet.

Mit diesen unsichtbaren Wunden haben indes nicht nur die Truppen zu kämpfen gehabt. Carter Ham, ein Vier-Sterne-General, machte in einem außergewöhnlichen Schritt seinen Kampf mit Depression und posttraumatischen Belastungsstörungen öffentlich, in der Hoffnung, dass seine Offenheit andere dazu ermutigen würde, es ihm gleichzutun. Admiral Sandy Winnefeld, der ehemalige Vize-Vorsitzende des Joint Chief of Staffs, verlor einen Sohn an die Opioidkrise. Er und seine Ehefrau Mary riefen eine Kampagne ins Leben, das SAFE Project, um anderen dabei zu helfen, gegen ihre Sucht anzukämpfen.

Niemand von uns ist vor dem Schmerz und der Enttäuschung des Lebens gefeit. Aber wenn man auch nur eine Sekunde lang daran zweifelt, dass man den Mut hat, den es braucht, um sich den Übeln der Welt oder jener Schwäche, die tief in uns allen wohnt, entgegenzustellen – dann liegt man falsch.

* * *

Die Legende besagt, dass Colonel William B. Travis während des Texanischen Unabhängigkeitskrieges seinen Säbel zog und zu Füßen der Männer, die Fort Alamo verteidigten, eine Linie in den Sand zeichnete. Er sagte seinen Männern, dass ihr Tod durch die Hände der Soldaten des mexikanischen Generals Santa Anna kaum noch abzuwenden sei. Jeder Mann, der wünsche, das Fort zu verlassen, könne dies machen. Doch diejenigen, die bleiben und kämpfen wollten, sollten einen Schritt nach vorne tun: einen Schritt über die Linie im Sand hinweg. Mögen Politiker, Historiker und wohlmeinende Menschen auf beiden Seiten die Rechtschaffenheit jenes Krieges auch infrage stellen, so kann doch niemand den Mut der Männer, die blieben, und ihren Einfluss auf die Zukunft Amerikas in Abrede stellen.

Wir alle haben unsere Linien im Sand, diese Ängste, die uns davon abhalten, Mut zu zeigen. Aber um diese Ängste, diese Hindernisse, diese Herausforderungen im eigenen Leben zu überwinden, müssen Sie nur einen Schritt nach vorn wagen. *Einen nur.* Wagen Sie einen Schritt nach vorn und steigen Sie in den Helikopter. Wagen Sie einen Schritt nach vorn und sprechen Sie mit einem Arzt. Wagen Sie einen Schritt nach vorn und kämpfen Sie gegen Ungerechtigkeit. Wagen Sie einen Schritt nach vorn, und fordern Sie die heraus, die andere drangsalieren. Wagen Sie einen Schritt nach vorn und stellen Sie sich Ihren inneren Dämonen. Und wenn Sie diesen einen Schritt nach vorn wagen, werden Sie den Mut finden, nach dem Sie suchen; den Mut, den es braucht, um Ihre Ängste zu überwinden und der Held zu sein, der Sie sein wollen.

Der Hero Code

Ich werde immer danach streben, mutig zu sein; einen Schritt nach vorn zu wagen, wenn ich mich meinen Ängsten stelle.

KAPITEL ZWEI

Bescheidenheit

Der Speisesaal war klein und intim. Er hatte einen wunderschönen Dielenboden und Fenstertüren, die zu einer breiten, mit Teppich bedeckten Treppe ins Foyer führten. Der große längliche Esstisch war für neun Personen gedeckt, im Raum verteilt standen sechs weitere runde Tische. Mein Gastgeber für dieses private Dinner war Dr. Kenneth Cooper, der berühmte Sportkardiologe, dessen erstes Buch, *Bewegungstraining,* 1968 erschien und die Fitness-Revolution inspiriert hat. Dr. Cooper hatte mich eingeladen, später am Abend in seinem Cooper Institute in Dallas eine Rede zu halten. Er und seine Frau Millie saßen mir gegenüber. Mir zur Rechten saßen Roger Staubach, ehemaliger Quarterback der Dallas Cowboys und Mitglied der Ruhmeshalle des Profi-Footballs, sowie dessen Ehefrau Marianne. Nach meiner Pensionierung von der Navy im Jahr 2014 waren Roger und ich gute Freunde geworden. Neben den Coopers saß ein weiteres, sehr nettes Paar aus Dallas, und mir zur Linken saßen ein älterer Gentleman und seine Ehefrau.

Dr. Cooper richtete sich mit einigen kurzen Worten an seine Gäste, dann wurde das Dinner serviert. Das Pärchen aus Dallas saß ein wenig zu weit entfernt von mir, als dass ein Gespräch möglich gewesen wäre, und die Staubachs waren in eine Unterhaltung mit den Coopers verwickelt, daher widmete ich meine Aufmerksamkeit dem älteren Herrn, der mir am nächsten saß. Zu Beginn des Abends war ich um den Tisch gegangen und hatte mich mit den anderen Gästen bekannt gemacht, aber der Nachname des alten Mannes war mir entgangen. Ich wusste nur, dass er sich mir als Charlie vorgestellt hatte.

»Wohnen Sie hier in Dallas?«, fragte ich.

»Nein, nein«, antwortete er. »Meine Frau Dotty und ich leben in New Braunfels.«

New Braunfels war eine hübsche Stadt, nicht weit entfernt von San Antonio, wo ich aufgewachsen war.

»Was hat Sie denn nach New Braunfels verschlagen?«

»Wissen Sie, ich war einige Jahre lang in der Air Force, und als ich pensioniert wurde, haben wir beschlossen, uns in New Braunfels niederzulassen.«

»Die Air Force.« Ich lächelte. Nun hatten wir also etwas, das uns verband. »Mein Vater war in der Air Force, als Kampfflieger, und derzeit ist mein Sohn in der Air Force.«

»Oh, ich habe die Zeit geliebt, in der ich gedient habe«, sagte er.

»Was haben Sie denn gemacht in der Air Force?«

»Ich bin Pilot gewesen«, antwortete er.

Wenn ich ihn mir jetzt so anschaute, erschien mir das passend. Auch wenn er vermutlich Anfang achtzig war, war er noch immer schlank und wirkte sportlich, und er hatte die Haltung eines Mannes, der um seinen Wert wusste.

»Was sind Sie geflogen?«, fragte ich.

»Ach, ein kleines bisschen Dies und ein kleines bisschen Jenes.«

»Ein Mann mit vielen Talenten, nicht wahr?«

»Oder ein Kerl, der sich ständig nach einem neuen Job umschauen musste.« Er lachte.

Ich quittierte seine Bemerkung mit einem Lächeln, doch nun zögerte ich ein wenig, die Unterhaltung fortzuführen. Piloten können oft sensibel reagieren, wenn es darum geht, wo sie in der Hackordnung der Luftfahrt stehen; und wenn er nicht zu den Besten zählte, dann könnte das Gespräch eine unangenehme Wendung nehmen.

Im Laufe des Abends gelang es mir, meinem neuen Bekannten noch ein paar weitere Informationen zu entlocken, aber im Allgemeinen schien Charlie sehr darauf bedacht zu sein, nicht zu viel von sich zu erzählen. Viel mehr interessierte er sich für mich und meine Familie. Er wollte alles über meinen Sohn in der Air Force und meine anderen beiden Kinder wissen. Es beeindruckte ihn außerordentlich, dass meine Frau und ich nun schon vierzig Jahre verheiratet waren, obwohl mir klar war, dass Dotty die Liebe seines Lebens sein musste und dass die beiden sicher schon ein ganzes Weilchen länger verheiratet waren. Er erkundigte sich nach meiner Laufbahn in der Navy, und wie sich herausstellte, hatte Charlie die Naval Academy besucht, bevor er zur Luftwaffe wechselte.

Als schließlich das Dessert serviert wurde, hatte ich bereits den Eindruck, mit einem guten Freund zu sprechen. Sein stilles Selbstvertrauen, die sanftmütige Art und sein aufrichtiges Interesse an mir und meiner Familie stellten eine unmittelbare Verbindung zwischen uns her, die sonst oft das Produkt einer langjährigen Vertrautheit ist. Außerdem erinnerte er mich an meinen Vater. Er lächelte häufig, lachte unbefangen und verhielt sich auch jedem anderen am Tisch gegenüber ausgesprochen freundlich. Doch hatte ich in der einen Stunde, die wir nun schon zusammen speisten, immer noch nicht seinen Nachnamen in Erfahrung gebracht. Als die Dinner-Runde aufgelöst wurde, erhob ich mich und dankte Charlie und Dotty für einen wundervollen Abend. Sie boten mir an, gemeinsam mit meiner Frau Georgeann irgendwann einmal nach New Braunfels zu kommen, um sie zu einem Barbecue zu besuchen. Eine Einladung, von der ich hoffte, sie eines Tages annehmen zu können.

Als wir die Treppe ins Foyer hinuntergingen, tauchte Roger Staubach neben mir auf.

»Sieht ganz so aus, als hättest du dich sehr gut mit Charlie unterhalten«, sagte er.

»Ja, was für ein großartiger Kerl«, antwortete ich.

»Kannst du dir ausmalen, wie das gewesen sein muss?«, fragte Staubach.

»Was meinst du?«, hakte ich nach.

»Na ja, über den Mond zu spazieren, meine ich. Das muss man sich mal vorstellen. Es gibt in der ganzen Menschheitsgeschichte nur zwölf Personen, die das getan haben.«

»Entschuldige bitte, Roger, aber wovon redest du denn?«

»Charlie. Charlie Duke«, sagte er.

»Was ist mit Charlie Duke?«

Roger musste lachen. »Hast du es nicht gewusst?«

»Was habe ich nicht gewusst?«, fragte ich.

»Charlie Duke war der jüngste Mann, der jemals auf dem Mond gewesen ist.«

Beschämt senkte ich den Kopf. Natürlich! *General Charles Duke*, United States Air Force, der zehnte und noch immer der jüngste Mann, der je den Mond betreten hat. Nach seinem Abschluss an der Naval Academy 1957 war Duke zur Air Force gewechselt und Testpilot geworden. 1966 hatte man ihn in das Astronautenprogramm aufgenommen. Duke war während der ersten Mondlandung der Apollo 11 die Stimme von Mission Control, der Weltraumflugkontrollstation. Als Backup-Crew der unglückseligen Apollo 13 hatten Duke und seine Astronauten-Kollegen John Young und Ken Mattingly im Simulator versucht, eine Lösung zu erarbeiten, um die Crew unversehrt wieder nach Hause zu bringen. Und dann, am 16. April 1972, waren Duke und Young im Descartes-Hochland gelandet, dem höchsten Punkt des Mondes, wo sie anschließend drei Rover-Missionen durchführten, um das umliegende Gebiet zu untersuchen.

»Weißt du«, sagte ich an Roger gerichtet, »während unserer gesamten Dinner-Konversation hat er kein einziges Mal die kleine, triviale, unbedeutende Tatsache erwähnt … *dass er über den Mond spaziert ist!*«

»Das überrascht mich nicht.« Roger lächelte. »Er ist ein sehr bescheidener Mann.«

Wie ich später jedoch herausfand, war Charlie Dukes Bescheidenheit hart erkämpft. Nach der Mondlandung war er zum Nationalhelden geworden. Der neuerworbenen Berühmtheit folgten Auftritte im Fernsehen und im Radio, ihm winkten das große Geld und ein bequemes Leben. Die Verlockungen von Ruhm und Reichtum brachten großen Stress mit sich, unter dem seine Ehe und die Familie litten. Doch all das änderte sich, als Dotty praktizierende Christin wurde und bald darauf auch Charlie eine Heimat im Glauben fand. Das Christentum lehrte sie Bescheidenheit und half ihnen zu erkennen, dass unsere individuellen Verdienste, *selbst das Laufen auf dem Mond*, in den unendlichen Weiten des Universums, in der unberechenbaren Komplexität der Natur, in der epischen Geschichte der menschlichen Evolution verblassen, wenn man sie mit dem Werk Gottes vergleicht. In Matthäus 23,12 sagt Jesus: »Denn wer sich selbst erhöht, wird erniedrigt, und wer sich selbst erniedrigt, wird erhöht werden.«

Doch ist es nicht nur das Christentum, das die Tugend der Bescheidenheit rühmt. Der Koran lehrt uns, »die Diener des Allerbarmers sind jene, die in Demut auf Erden umhergehen«. Im Buch der Sprüche 11,2 des Alten Testaments heißt es: »Bei den Bescheidenen ist die Weisheit zu Hause.« Konfuzius sprach, dass »Bescheidenheit die Grundlage aller Tugenden« sei. Der Glaube der Hindus besagt, dass »nur die Demütigen wissen, wie man die guten Eigenschaften anderer wertschätzt und bewundert«, und Buddha sagt: »Du lernst nichts vom Leben, wenn du denkst, dass du immerzu recht hast.« Selbst der griechische Philosoph Sokrates verkündete kühn, er sei *der weiseste Mann Griechenlands*, und zwar aus dem Grunde, weil er wüsste, dass im Vergleich zu Gott »die Weisheit des Menschen nichts oder nur wenig wert« sei.

Bescheidenheit ist von allen heroischen Eigenschaften diejenige, die sich am leichtesten adaptieren lässt, und doch wird sie am seltensten zum Ausdruck gebracht. Wer bescheiden ist, der erkennt, dass der eigene Intellekt, die eigene körperliche Stärke und der eigene Reichtum allesamt verblassen, wenn man sie mit der unfassbaren Weite, der Komplexität, dem Reichtum, der Macht und der Herrlichkeit des Universums vergleicht. Und wenn wir uns von dem uns zugewiesenen Platz im Universum bescheiden lassen, dann sind wir viel eher in der Lage zu erkennen, dass das, was uns voneinander unterscheidet, unendlich klein ist. Wir sehen viel eher, dass unser Verständnis in gleichem Maße überfrachtet ist und dass unser Vermögen, selbst die winzigsten Hürden zu überwinden, uns vor vergleichbare Schwierigkeiten stellt. Demut wird aus Respekt geboren. Respekt dem gegenüber, was wir nicht wissen. Respekt dem gegenüber, was wir nicht ohne Weiteres zu sehen vermögen. Wenn wir Bescheidenheit zu unserer Lebenseinstellung machen, sind wir jedoch eher in der Lage, die Schönheit, die uns umgibt, zu wertschätzen; wir sind eher geneigt, durch ein Mikroskop zu blicken oder uns vom Anblick der Sterne in Erstaunen versetzen zu lassen; wir lassen uns eher von kleinen Gesten der Güte inspirieren. Und wir sind viel eher bereit, andere so zu behandeln, wie wir auch von ihnen behandelt werden möchten.

Die Kraft der Bescheidenheit liegt darin, dass sie uns näher zueinander führt, und die Aufgabe eines jeden Helden ist es, die Menschen zu vereinen, und nicht, sie auseinanderzutreiben. *Seien Sie bescheiden. Es wird Ihnen gute Dienste erweisen.*

Der Hero Code

Ich werde daran arbeiten, bescheiden zu sein;
die Grenzen meines Intellekts,
meines Verständnisses und meiner Macht
zu erkennen.

KAPITEL DREI

Opfer-bereitschaft

Ich saß still, als der Mann auf der kleinen Bühne zu sprechen begann. Er trug ein Sakko und eine lässige Stoffhose, war groß, fit und hatte diese militärische Haltung, an der man erkannte, dass er ein ehemaliger Soldat der Marines war. Patrick »Clebe« McClary, pensionierter Lieutenant des United States Marine Corps (USMC), war Mitte siebzig, hatte einen deftigen Südstaatenakzent und sein blasser, kahler Schädel war ein wenig sonnenverbrannt. Ich erinnere mich noch, dass ich dachte, er könne durchaus auch heute noch im Dienst stehen, wären da nicht sein fehlender Arm und die schwarze Klappe über seinem linken Auge. Aber es dauerte nicht lange, bis McClary darauf hinwies, dass er gar nicht hier sein würde ohne die Opferbereitschaft eines jungen schwarzen Marine, ohne jenen Akt des Heldentums auf einem Hügel in Vietnam im Jahre 1968, der so viele Leben veränderte und einer ganzen Generation ein neues Verständnis davon gab, was menschliche Würde bedeuten konnte.

* * *

Die Sonne war längst hinter dem Hügel 146 im vietnamesischen Quan Duc Valley verschwunden, als der kleine fünfzehnköpfige Spähtrupp landete. McClary, der dienstleitende Offizier, stieg aus dem Heli und befehligte seine Männer umgehend, auszuschwärmen und Kampfpositionen einzunehmen. Der Hügel, oder was davon noch übrig war, war übersät mit Minen, Sprengfallen und den heimtückischen Punji-Gruben – tiefe Löcher, in denen spitze, giftgetränkte Stäbe steckten. Hügel 146 war eine strategische Position im Tal; das wussten die Marines, und die nordvietnamesische Armee wusste es ebenso.

Im Verlauf des folgenden Tages verstärkte besagter Spähtrupp der Marines – sein Rufname war Texas Pete – seine Schützenlöcher neu und bereitete sich auf einen möglichen Feindangriff vor.

Bei Beginn der Morgendämmerung am 5. März 1968 setzte ein Raketenhagel ein, abgefeuert von einer großen Truppe Nordvietnamesen und Vietcongs. Von unten aus dem Tal stürmten feindliche Pioniertrupps den Hügel in einer Selbstmordmission hinauf, um die Brustkörbe hatten sie Granaten und Sprengladungen gebunden. McClary rannte von Schützenloch zu Schützenloch, schrie seine Befehle und rief die Artillerie zur Verstärkung, als die Vietcongs in vollen Angriffsmodus schalteten.

Von ihrer Stellung am Rande des Hügels aus begannen Private First Class Ralph Johnson und zwei seiner Kameraden ihrerseits, den Feind anzugreifen. Rund um ihr Schützenloch warfen die Vietcongs »satchel charges« – mit Sprengstoff gefüllte Leinensäcke. Großkalibrige Kugeln zischten an den Köpfen der Marines vorbei, und der Lärm der Explosionen war ohrenbetäubend. Es dauerte nicht lang, da drohte der heranstürmende Feindestrupp ihre Position einzunehmen.

»Granate!«, rief jemand in der Ferne, und die drei Marines warfen sich instinktiv in den Dreck. Ein paar Meter von ihnen entfernt riss der Boden auf. »Granate!«, ertönte der Ruf erneut, und ein weiteres Geschoss explodierte, diesmal in unmittelbarer Nähe. Die Vietcongs kamen nun zügig voran, und Johnson und seinen beiden Kameraden ging allmählich die Munition aus. McClary, den eine der Explosionen schwer in Mitleidenschaft gezogen hatte, ging im nächstgelegenen Schützenloch in Deckung, nur ein kleines Stück von Ralph Johnson entfernt. Während Johnson und seine Spähtrupp-Kameraden weiterhin auf die angreifenden Vietcongs feuerten, landete eine feindliche Handgranate mit einem dumpfen Schlag neben Johnsons Stiefelabsatz.

»Granate!«, rief Johnson, und ohne zu zögern warf sich der neunzehnjährige Marine auf das Wurfgeschoss, wodurch er seine

Kriegskameraden vor der Explosion schützte. Die Granate zerriss Ralph Johnson und tötete ihn augenblicklich. Benommen von ihrem Verlust und von Johnsons bemerkenswertem Heldenmut inspiriert, machten die Texas-Pete-Marines geschlossen Front gegen die Vietcongs und hielten die Stellung, bis die Verstärkung eintraf.

Ein abgelegener Berghang mitten in Vietnam ist nicht gerade der Ort, von dem man erwartet, dass er einen Wandel in Amerika einleitet. Aber nach der Schlacht um Hügel 146 verbreitete sich die Nachricht von Ralph Johnsons Opfer schnell. Dieser junge schwarze Marine, der im tiefen Süden der Vereinigten Staaten aufgewachsen war, der kaum eine richtige Schulbildung genossen hatte und dessen Leben von den Jim-Crow-Gesetzen geprägt war, hatte sein Leben für die Männer geopfert, an deren Seite er diente.

Nachdem Clebe McClary sich von seinen Verletzungen und mehr als dreißig Operationen erholt hatte, machte er es sich zu seiner Lebensaufgabe, von Stadt zu Stadt zu ziehen, um den Menschen die Geschichte von Ralph Johnson zu erzählen. Männer und Frauen jeden Alters und jedweder Hautfarbe hörten davon, wie dieser bescheidene junge Mann aus Charleston den Bibelvers Johannes 15,13 gelebt hatte, indem er sein Leben für seine Freunde hingab.

Für seinen Einsatz an jenem Tag erhielt Private First Class Ralph Johnson posthum die Ehrenmedaille des Kongresses. Aber sein Opfer wurde nicht nur mit der höchsten Auszeichnung der Nation gewürdigt. Es öffnete – inmitten der Rassenunruhen der 1960er-Jahre – die Augen so vieler Amerikaner; sie sahen in diesem selbstlosen Akt, in dieser im Bruchteil einer Sekunde gefassten Entscheidung, das Leben der Kameraden zu retten, eine Inspiration für jedermann, eine Anerkennung der Tatsache, dass jeder von uns würdig ist, Respekt und Opferbereitschaft zu erfahren, egal, welche Farbe unsere Haut hat.

* * *

Der 28. März 2018 war ein kalter Tag in Charleston. Ich nahm Habachtstellung ein und legte meine rechte Hand auf die linke Brustseite, als die Fahnenwache die Flagge präsentierte und die Kapelle die Nationalhymne spielte. Vor mir stand längsseits des Kais der neueste Zerstörer der United States Navy, die *USS Ralph Johnson.* Mehr als fünftausend Menschen waren anwesend, darunter viele aus dem Familienkreis der Johnsons und auch Ralphs Schwester Helen.

Die Crew der *Ralph Johnson,* in makellosen blauen Uniformen gekleidet, brachten das Schiff zum Leben, rannten auf ihre Gefechtsposten und nahmen Habachtstellung ein. Als der kalte Frühlingswind den Kai hinunterpeitschte, begannen die Würdenträger – vom ehemaligen Gouverneur South Carolinas bis hin zum Kommandanten des Marinekorps – ihre Reden zu halten. Es fiel schwer, nicht zu lächeln; man sah die Veränderungen, man spürte den Respekt, man begriff noch einmal, dass wir dank Ralph Johnson eine bessere Nation geworden sind.

In seiner Ansprache sagte Senator Tim Scott, der erste afroamerikanische Senator aus dem Bundesstaat South Carolina, Ralph Johnson habe »ein Vermächtnis begonnen, das eine Ewigkeit währen wird. Seine Weltsicht sollten wir alle uns zu eigen machen – dass wir gemeinsam besser sind. Er ist willens gewesen, sein Leben für eine Sache zu opfern, die größer war als er selbst. Das ist das Wesen selbstlosen Dienens. Unsere wahren Helden kommen aus dem Verborgenen, doch in unseren Herzen und unseren Erinnerungen – und hoffentlich auch in unserem Handeln – werden sie ewig leben«.

Ralph Johnson war bereit, sein Leben einer noblen Sache zu opfern, womit ich nicht etwa den Vietnamkrieg meine, sondern die Liebe und die Freundschaft der Männer, die an seiner Seite dienten. Dieser eine kurzentschlossene heroische Akt auf einem weit, weit entfernten Hügel hat das Leben seiner Kameraden für immer verändert und ein Vermächtnis hinterlassen, das ewig weiterleben wird.

Für die meisten von uns ist Opferbereitschaft jedoch nichts, was sich in einem leuchtenden Moment außergewöhnlicher Tapferkeit abspielt. Bei den meisten von uns zeigt sich Opferbereitschaft in kleinen Gesten des Gebens, die aufeinander aufbauen und im Laufe der Zeit zu etwas von Wert, zu etwas Bemerkenswertem werden: die alleinstehende Mutter, die gleich zwei Jobs hat, um ihre Kinder zu versorgen; die Lehrerin, die sich mit einem lernschwachen Schüler abmüht; der Polizist, der mit Jugendlichen Basketball trainiert; das Kind, das seine kranken Eltern pflegt. Was diese Opfer zu Heldentaten macht, ist der Umstand, dass es keine bewundernde Menge gibt, die sie diesen Menschen danken würde; es gibt keine Auszeichnungen dafür, keine güldenen Worte, die ihren Mut rühmen. Für sie springt dabei nichts heraus, außer dem Wissen, dass ihre Taten nobel waren – ein Akt der Nächstenliebe, der keine Dankbarkeit erwartet.

All diese Opfer sind eine Investition in die Menschlichkeit, und wie bei jeder anderen Investition auch häuft sich ein Vermögen an, wenn Sie jeden Tag ein klein wenig hinzufügen. Das ist nicht die Art von Vermögen, die Sie ausgeben können, sondern die Art von Vermögen, die sie reich machen wird – reich an Dankbarkeit, reich an Zufriedenheit, reich an Wertschätzung.

Es ist leicht zu lernen, wie man Opfer bringt. Fangen Sie an, indem Sie *jeden Tag ein wenig von sich selbst geben*. Geben Sie Ihren Freunden ein wenig von Ihrer Zeit ab. Geben Sie ein wenig von Ihrem Geld für einen löblichen Zweck her. Geben Sie Ihrer Familie ein wenig Liebe. *Geben Sie ein wenig von sich selbst* – an jedem einzelnen Tag, ohne Ausnahme. Das Geben wird Ihnen zur Gewohnheit werden, es wird ein Teil Ihres Wesens. In einem Monat, einem Jahr, einem Jahrzehnt, in der Spanne eines Lebens werden all diese Opfer sich zu etwas Besonderem summieren. Sie werden Ihnen Segen sein, sie werden zu einer Belohnung, zu einer herrlichen Obsession. Keine Last wird Ihnen zu groß sein – und Sie werden ein Vermächtnis hinterlassen, das Respekt und Bewunderung verdient. Sie werden ein Held sein.

Der Hero Code

Ich werde lernen, Opfer zu bringen, indem ich denen, die dessen bedürfen, ein wenig von meiner Zeit, meinem Talent und meinem Vermögen gebe. An jedem Tag. Ohne Ausnahme.

KAPITEL VIER

Integrität

Nicht alle wichtigen Lektionen in meinem Leben habe ich auf dem Schlachtfeld gelernt …

Als ich den langen Flur des Pentagons entlangeilte, massenweise Papiere unter den Arm geklemmt, war ich bemüht darum, nicht besorgt zu wirken. Heute erst hatte ich diese neue Stelle angetreten. Ich war unterwegs zu einem Meeting im sagenumwobenen Ring E, wo all die mächtigen Männer und Frauen im Gebäude ihre Büroräume hatten – der Verteidigungsminister, der Vorsitzende und der Vize-Vorsitzende des Joint Chiefs, also des Vereinigten Generalstabs, sowie sämtliche Vier-Sterne-Admiräle und -Generäle. Dies war der Ort, an dem Entscheidungen getroffen wurden, die das Schicksal der ganzen Welt beeinflussten.

In meiner weißen Navy-Sommeruniform lief ich selbstbewusst an einem leitenden Beamten vorbei, der mich mit einem Lächeln und einem Nicken grüßte, so als erinnerte er sich an die Zeit, als er selbst noch ein junger Lieutenant war, unverbraucht und erpicht darauf, etwas zu bewegen.

Regelmäßig machte ich halt, um mir die Zimmernummern an den Türen anzusehen, bis ich schließlich den Konferenzsaal erreichte. Vorsichtig schob ich die Tür auf, spähte hinein und erblickte meinen Boss, Captain Ted Grabowsky.

»Schön, schön. Dann mal her mit den Folien«, sagte er, ohne auch nur aufzublicken.

»Jawohl!«, antwortete ich, und reichte ihm den Stapel Papiere und Folien, den ich in den Händen hielt.

Er blätterte durch die Folien, zog die obersten zehn aus dem Stapel, hielt sie gegen das Licht und murmelte etwas vor sich hin. »Schön, schön«, sagte er erneut.

Grabowsky war niemand, der dem Hollywood-Bild eines Navy SEAL entsprochen hätte. Er war von kleinem Wuchs und bebrillt, er humpelte beim Gehen leicht, wegen einer Verletzung, die er sich beim Segelfliegen zugezogen hatte, und er kniff die Augen zusammen, wenn er redete. Und er redete viel. Er konnte ruppig und fordernd sein, aber meiner Ansicht nach war er auch brillant, einsichtsvoll, tüchtig und unglaublich zäh. Irgendwann war es mir gelungen, mir seinen Respekt zu verdienen, und er hatte gefordert, dass man mich zu ihm ins Pentagon versetzte.

Einige Augenblicke später füllte sich der Raum mit weiteren Leuten. Offiziere und Zivilisten aus allen Teilen des Gebäudes kamen zusammen, um das Budget der Navy SEALs für die kommenden zwei Jahre zu diskutieren. Der Vietnamkrieg war vorbei und das Geld war knapp. Der Kalte Krieg war in vollem Gange und es gab viele, die bezweifelten, dass es die Kommandotruppen der Navy noch brauchte. Ohne solides Budget, ohne das Geld für Ausbildung und den Bau moderner Anlagen, sah unsere Zukunft düster aus.

Als alle Platz genommen hatten, warteten wir auf die Ankunft des Großen Mannes.

»Achtung an Deck!«, ertönte der Ruf, als der Admiral den Raum betrat.

»Rührt euch«, sagte er sofort.

Vize-Admiral Joe Metcalf war der Inbegriff des derben Admirals. Seinen Ruf als rauer, rücksichtsloser Zigarre rauchender, gradliniger Kämpfer hatte er sich redlich verdient. Er war Vietnam-Veteran und hatte später die US-Invasion von Grenada 1983 angeführt; er schüchterte die Menschen ein und schien darauf sehr stolz zu sein.

»Na gut, Ted«, knurrte Metcalf und kaute auf einer nicht angezündeten Zigarre. »Dann legen wir mal los.«

»Jawohl, Sir«, antwortete Grabowsky.

Als Grabowsky mit den Briefings begann, warf ich einen Blick auf die Kalkulation, in der all die Gelder aufgeführt waren, die wir benötigten, um die SEALs am Laufen zu halten. Es würde nicht leicht sein, das an den Mann zu bringen. Jeder Dollar, den wir im SEAL-Budget eingeplant hatten, würde den Kampfpiloten, den Schiffskapitänen und den U-Boot-Fahrern fehlen. Zu einer Zeit, in der Reagan auf eine Sechshundert-Schiff-Navy hinarbeitete, wollte niemand einen Haufen Dschungelkämpfer aus der Vietnam-Ära haben. Wenn man zum Kampf gegen die Sowjets keine Bombe mit Nuklearsprengkopf mitbrachte, war man für das Pentagon nicht sonderlich wertvoll.

Bei jeder neuen Folie, die Grabowsky auflegte, brummte Metcalf und rollte mit den Augen. Im ganzen Raum machten sich die Leute mit den grün getönten Eyeshades Notizen und schüttelten ihre Köpfe von Ost nach West. Wir verloren die Schlacht ums Budget.

Schließlich beendete Grabowsky seinen Vortrag und im Saal wurde es still.

Der Admiral, der sich durch die letzten Zentimeter seiner Zigarre gekaut hatte, stand auf und ging vor dem langen Tisch auf und ab.

»Hör mal, Ted«, knurrte er. »Ich will dir helfen, aber brauchst du all dieses Geld wirklich?« Er zog sich die Zigarre aus dem Mund und deutete damit auf das Diagramm an der Leinwand. »Ich meine, wie viel Munition verschießt ihr SEALs denn? Was hat's mit diesen Mini-U-Booten auf sich? Braucht ihr wirklich sechs davon?«

Ich mochte ein Neuzugang im Pentagon sein, doch begriff ich die Regeln dieses Ressourcenspiels. Derjenige, der die Zahlen vorlegte, durfte keinesfalls von ihnen abrücken. Nur so implizierte man, dass man alles in seiner Macht Stehende getan hatte, um das Budget auf das Notwendigste zu beschränken, denn ansonsten hätte man ja gar nicht erst die Unverfrorenheit besessen, sich vor einen Drei-Sterne-Admiral zu stellen und so viel Geld einzufordern.

Grabowsky hielt kurz inne.

»Sir. Sie haben recht«, sagte er. »Wir können ein paar Einsparungen bei der Munition hinnehmen, und ich werde mit den SEAL-Teams darüber sprechen, die Anzahl der Mini-U-Boote von sechs auf drei zu reduzieren.«

Die Typen mit den grün getönten Eyeshades wirkten auf einmal leicht benommen. Plötzlich brüteten sie über den Kalkulationstabellen und verständigten sich untereinander. Metcalf warf einen Blick in ihre Richtung und sie nickten zustimmend.

»Also gut«, verkündete Metcalf. »Wenn Sie das hinkriegen, dann lacht Ihnen auch morgen noch ein neuer Kampf.« Er freute sich über seinen kleinen Scherz, schüttelte Grabowsky die Hand und verließ den Saal. Die Erbsenzähler folgten ihm nach.

Wir hatten soeben Millionen von Dollar aus unserem Budget streichen müssen, doch Grabowsky schien das nicht weiter zu stören.

»Sir, ich weiß, dass ich erst seit heute hier bin«, sagte ich. »Aber mir scheint, man hat uns soeben ordentlich zur Ader gelassen.«

Grabowsky lächelte. »Ganz im Gegenteil. Wir haben gerade einen Hinterhalt in L-Formation überlebt, haben den Feind von beiden Flanken angegriffen und sind als Sieger aus der Sache hervorgegangen.«

»Wie bitte?«

»Schauen Sie, Bill. Die Leute vom Finanzteam wussten bereits, dass wir ohne das Munitionsgeld klarkommen würden, und sicherlich sind sie auch davon ausgegangen, dass wir ohne drei zusätzliche Mini-U-Boote über die Runden kommen. Hätte ich zu lautstark widersprochen, hätte uns das unsere Glaubwürdigkeit gekostet.«

Er gab mir mit einer Geste zu verstehen, dass ich mich setzen sollte. »Wenn Sie in diesem Gebäude hier überleben wollen, dann gibt es eine Regel, die Sie befolgen müssen.«

Ich lehnte mich näher zu ihm heran, da ich das Geheimnis des Pentagons in Erfahrung bringen wollte.

»Sie dürfen niemals lügen oder die Wahrheit falsch darstellen. Wenn Sie das tun, wird man Sie dabei erwischen, und dann haben Sie für niemanden mehr Wert. Niemand wird Ihnen dann noch vertrauen, und ohne dieses Vertrauen können Sie Ihre Arbeit gleich vergessen.«

Er hielt inne, während er die letzten Unterlagen zusammensuchte.

»Das ist meine Goldene Regel. Halten Sie sich stets daran.«

Während meiner nächsten drei Jahre im Pentagon und meinen darauffolgenden fünfundzwanzig Jahren in der Navy habe ich Grabowskys »Goldene Regel« nie vergessen: die Beziehung, in der Ehrlichkeit und Vertrauen zueinander stehen. Bei Ehrlichkeit ging es um mehr als nur um moralische Aufrichtigkeit; sie brachte ein Wertversprechen mit sich. Wenn du ehrlich warst und die Leute dir vertrauten, dann trauten sie dir auch die großen Aufgaben zu, sie vertrauten dir ihr Geld an, sie vertrauten darauf, dass du ihren Ruf nicht schädigen würdest, sie vertrauten dir auf freundschaftlicher Ebene, sie vertrauten dir ihre Familie an und sie vertrauten dir ihr Leben an. Selbst wenn sie dich nicht mochten oder anderer Meinung waren als du, so wussten sie doch um deine Aufrichtigkeit und deine Vertrauenswürdigkeit.

Ehrlichkeit ist der Grundpfeiler der Integrität; sie ist das Fundament, auf dem alle anderen Aspekte des Charakters aufbauen werden. Aber Ehrlichkeit allein ist nicht ausreichend, um eine integre Person zu sein. Integrität erfordert Handeln. Um sich den Ruf eines Mannes oder einer Frau von Integrität zu verdienen, muss man beweisen, dass man moralisches Rückgrat hat. Man muss vor ein ethisches Dilemma gestellt werden – vor die Wahl zwischen einer Straße, die steinig, steil und tückisch ist, und einer anderen, die gleichmäßig, flach verlaufend und bequem ist. Die eine Straße fordert Stärke, die andere bietet einen einfachen Weg. Die eine Straße wartet mit Schmerzen und zeitweiliger Mühsal auf, die andere Straße zu nehmen wäre schnell und leicht. Doch wenn man sich am Ende für den schwierigeren und weniger beschrittenen Pfad entscheidet, für den Pfad, den die Rechtschaffenen gewählt haben, dann wird die Reise einen stärker und widerstandsfähiger machen; sie wird einen eher dazu befähigen, auch die anderen steilen Stufen auf dem Weg nach ganz oben zu erklimmen. Der andere Pfad hingegen, der einfache Weg, wird einen für die Herausforderungen der Zukunft nicht wappnen.

* * *

Meine Mutter, eine Schullehrerin aus dem östlichen Texas, hat sich Zeit ihres Lebens sehr dafür eingesetzt, meinen Charakter zu formen. Oft hat sie mir Geschichten erzählt, die von Akten großer Integrität handelten, damit ich diesen nacheifern könnte. Am liebsten mochte sie die Erzählung des amerikanischen Patrioten und zukünftigen Präsidenten John Adams, der nach dem Massaker von Boston Soldaten der britischen Krone verteidigt hatte.

Am 5. März 1770 umzingelte und bedrohte ein Mob aus dreihundert Kolonisten ein kleines Aufgebot von »Rotröcken«. Als die Spannungen eskalierten, schossen die britischen Soldaten auf den Mob, wobei fünf Amerikaner getötet wurden. Die Bostoner waren außer sich vor Wut und drohten, die Soldaten wegen Mordes zu lynchen. Ein Prozess wurde angeordnet, aber niemand wollte die Verteidigung der Angeklagten übernehmen, aus Angst, man könnte anschließend gleich mit den Briten gelyncht werden.

Trotz der Drohungen und trotz der Auswirkungen auf seinen persönlichen und beruflichen Leumund übernahm schließlich John Adams die Rolle des Verteidigers. Er war der Überzeugung, dass die Amerikaner, wollten sie jemals beweisen, dass sie der Selbstverwaltung würdig waren, gewährleisten mussten, dass die Kolonisten den Soldaten einen fairen Prozess bereiteten. Die Jury befand schließlich, dass die Briten unschuldig seien, da sie in Selbstverteidigung gehandelt hatten. Die Bereitschaft Adams, statt in seinem eigenen Interesse im Interesse der Gerechtigkeit zu handeln, trug zum Aufbau des amerikanischen Rechtssystems bei und festigte seinen Ruf als Mann von nicht kompromittierbarer Integrität.

Die Lektion der Geschichte von John Adams erschloss sich mir sehr wohl. Im Laufe der Jahre geriet ich immer wieder in Situationen, in denen mein Eigeninteresse und mein Selbstschutz im Konflikt zu dem standen, was zu tun das Richtige war. Ich hoffe, dass die Entscheidungen, die ich getroffen habe, meine Mutter stolz machen würden.

Ein Mann oder eine Frau von Integrität zu sein – die Regeln zu befolgen, das Gesetz zu befolgen und das zu befolgen, um dessen Richtigkeit man weiß – fällt schwer. Es fällt schwer, weil Sie gegen Ihre natürliche Herdenneigung ankämpfen müssen: Sie müssen gegen das Bedürfnis ankämpfen, mitzulaufen, mit jedem auszukommen und ein wohlgelittenes Mitglied der Herde zu sein.

Es fällt schwer, weil Sie nicht so sind wie die Helden aus den Comic-Heften: Sie sind kein Mann, keine Frau aus Stahl, Sie tragen kein kugelsicheres Cape und Sie haben keine überirdischen Kräfte.

Es fällt schwer, weil Sie ein Mensch sind, weil das Leben Sie oft in scheinbar unhaltbare Positionen zwingt, weil das Gute und das Böse immer in Konflikt miteinander stehen.

Es fällt schwer – und ich wage zu behaupten, dass Sie gelegentlich scheitern werden. Und wenn es Ihnen einmal nicht gelingt, an Ihrer Integrität festzuhalten, dann sollte sich Ihnen schon beim Gedanken daran der Magen umdrehen. Es sollte Ihnen schlaflose Nächte bereiten. Es sollte Sie so sehr quälen, dass Sie sich selbst das Versprechen geben, so etwas nie wieder vorkommen zu lassen.

Ein Held zu sein ist kein leichtes Unterfangen. Und was wahre Helden ausmacht, das sind die Widrigkeiten in ihrem Innern – und es ist ihre Fähigkeit, diese Widrigkeiten zu überwinden. Doch ganz egal, wie sehr Sie auch kämpfen müssen: Die Menschen werden an Sie glauben, sie werden Ihnen folgen und sich selbst erlauben, gerettet zu werden – solange sie wissen, dass Sie ehrlich, vertrauenswürdig, guten Charakters und guten Glaubens sind. Fürchten Sie nie den Pfad, der steinig, steil und tückisch ist. Denn eben dort werden Ihnen Männer und Frauen von Integrität begegnen. *Dort werden Ihnen Helden begegnen.*

Der Hero Code

Ich werde ein Mensch sein, der integer ist; jede Entscheidung, die ich treffe, und jede Handlung, die ich unternehme, wird moralisch, rechtmäßig und ethisch sein.

KAPITEL FÜNF

Mitgefühl

Durch das kleine Plexiglasfenster konnte ich den bewaffneten Soldaten sehen, der vor unserem Raum Wache stand. Ich wusste, dass an der anderen Tür noch ein weiterer Soldat positioniert war und dass fünf bis zehn weitere Schlüsselstandpunkte rund um den Speisesaal herum ebenfalls mit Männern besetzt waren. Auch wenn der Luftstützpunkt Bagram in Afghanistan einigermaßen gut gesichert war, so bestand doch im Innern der Anlage immer die Gefahr eines potenziellen Anschlags durch einen Selbstmordattentäter.

Im Saal standen, angeordnet in einem langen Rechteck, aufklappbare Tische, auf denen sich Tabletts mit Speisen befanden, damit die zwanzig Generäle essen konnten, während sie den Ausführungen des Kommandeurs des U.S. Central Command, General John Abizaid, zuhörten. Als der einzige Ein-Stern-Admiral, mit einem der niedrigsten Posten, saß ich ganz am anderen Ende der Tischaufstellung, als Abizaid zu sprechen begann. Es handelte sich um eine Stegreifkonferenz der Kommandeure und wir hatten eben erst begonnen, die Strategie für das kommende Jahr zu diskutieren. Es waren wichtige, lebensverändernde Debatten auf höchster Ebene, die dramatische Auswirkungen auf die Zukunft der US-Streitkräfte im Krieg haben würden.

Während ich meinen Burger und die Bohnen in Chili-Sauce hinunterschlang, versuchte ich Abizaid im Auge zu behalten. Er war ein bemerkenswerter Offizier mit Schneid und Zuversicht, dem man anmerkte, dass er den größten Teil seines Erwachsenenlebens in befehlshabenden Positionen verbracht hatte. Für Dummheit hatte er keine Toleranz, doch auch wenn sein Betragen nach außen hin immer professionell war, so hatte er doch eine unbeschwerte Seite, die gelegentlich zum Vorschein kam. Dies aber waren ernsthafte Zeiten, und Abizaid befand sich inmitten einer ernsthaften Diskussion. Am Kopf der langen Tischaufstellung sitzend wies er auf die einzelnen Offiziere, um jeden der Männer aufzufordern, die Rolle der ihm jeweils unterstellten Einheit im Kontext der Gesamtstrategie zu erläutern.

Gerade als ich mit meinem Burger fertig war, sah ich, wie die Tür zum Saal leise geöffnet wurde und Abizaids Militärberater vorsichtig eintrat. Der General erläuterte soeben einen wichtigen Punkt, als der Berater an ihn heranschlich. Er blieb zu seiner rechten Schulter stehen, da er den General nicht unterbrechen wollte. Schließlich aber hielt Abizaid inne und wandte sich ihm zu.

»Was? Was gibt es denn?«

Dem Berater war offensichtlich unangenehm, was er zu sagen hatte, also flüsterte er es Abizaid ins Ohr.

»Was denn? Jetzt?«

»Jawohl, Sir. Er steht gleich hier draußen«, antwortete der Berater.

»Und wer ist dieser Kerl noch mal?«

Der Berater flüsterte erneut.

»In Ordnung. Schicken Sie ihn rein«, sagte Abizaid sichtlich verärgert.

Einen kurzen Moment darauf wurde die Tür zum Speisesaal aufgestoßen und ein Mann in Zivilkleidung kam herein. Hier in Bagram wirkte er definitiv deplatziert. Der Zivilist nahm den Raum in Augenschein und wirkte erstaunt, so viele Generäle zu erblicken. Mit einem Anflug von Panik platzte er heraus: »Wer hat hier das Sagen? Mit wem kann ich sprechen?«

Die Generäle an den Tischen lachten milde. Abizaid, auf dessen Gesicht nun ein Lächeln lag, sagte: »Tja, das bin dann wohl ich. Was kann ich für Sie tun?«

»Sind Sie hier die Nummer eins?«, fragte der Zivilist.

Wieder hörte man von einigen Seiten ein unterdrücktes Lachen.

»Kommt drauf an. Was brauchen Sie denn?«

Der Zivilist schritt zum Kopf der Tischaufstellung und stand nun neben Abizaid. Es war klar, dass ihm die Situation unangenehm war, auch wenn er sich große Mühe gab, sich das nicht anmerken zu lassen.«

»Also. Mein Name ist Gary Sinise. Ich bin Schauspieler.«

Alle Anwesenden sahen einander an. Sie waren schon seit einer ganzen Weile im Krieg, und weder der Name des Schauspielers noch sein Gesicht kamen ihnen sonderlich bekannt vor.

»Ich habe den Lieutenant Dan in *Forrest Gump* gespielt.«

Jetzt nickten einige Männer. *Oh, ja. Den Typen kennen wir doch. Der hat die Rolle gut gespielt. Richtig gut!*

»Was kann ich für sie tun, Mr. Sinise?«, fragte Abizaid.

»Nun ja, General, ich brauche ein Transportflugzeug, eine C-130. Können Sie mir eine besorgen?«

Erneut hörte man verhaltenes Gelächter.

»Schon möglich«, sagte Abizaid mit einem verschmitzten Grinsen im Gesicht. »Wofür brauchen Sie die denn?«

»General, ich habe zehn Paletten mit Schulmaterialien, die ich den Kindern in Afghanistan zukommen lassen möchte, und ich habe keine Möglichkeit, die Paletten zu transportieren.

Abizaids Augen wurden ein wenig größer. »Wo haben Sie diese Materialien denn her?«, fragte er.

»Ich habe sie gekauft, Sir. Das ist Teil eines Projektes namens *Operation International Children.*«

»Bitte entschuldigen Sie, Mr. Sinise, aber ich bin nicht sicher, ob ich Sie richtig verstehe: Sie haben Schulmaterialien für die Kinder in Afghanistan gekauft, und Sie sind persönlich hierhergekommen, um diese Sachen auszuliefern?«

Sinise wirkte verdutzt. »Nun ja, Sir … ja. Die Kinder brauchen diese Sachen. Ich dachte mir, ich könnte da helfen.«

»Sie wissen aber schon, dass wir uns mitten in einem Krieg befinden. Das hier ist nicht unbedingt ein sicherer Ort für Zivilisten.«

Sinise ließ seinen Blick durch den Raum voller Männer in Camouflage-Uniformen schweifen. »Jawohl, Sir. Aber die Kinder brauchen Unterrichtsmaterialien, sonst haben wir am Ende eine ganze Generation afghanischer Menschen ohne Schulbildung.«

Nun hörte man kein Lachen mehr im Saal; stattdessen hatten die meisten Männer ein Lächeln im Gesicht.

»Also gut, Mr. Sinise, dann lassen Sie mich doch schauen, was ich in Sachen C-130 für Sie tun kann«, sagte Abizaid.

»Vielen Dank, General. Und bitte entschuldigen Sie die Unterbrechung.«

Kein Problem, Mr. Sinise. Es war eine willkommene Unterbrechung.«

Abizaid lächelte herzlich und schüttelte Sinise die Hand. Ein paar Fotos wurden gemacht, dann verschwand Sinise wieder.

Nachdem die Tür hinter ihm zugefallen war, herrschte eine völlig andere Stimmung im Raum.

Im Krieg stumpft man schnell ab. Man reagiert zunehmend gefühllos auf die Ungerechtigkeit, den Schmerz, die verlorenen Leben und die verlorene Zukunft so vieler. Man redet sich ein, dass man nicht jede sterbende Seele beweinen kann; es gibt zu viel Unrecht auf der Welt, als dass man sich alles zu Herzen nehmen könnte. Also verstaut man das Unbehagen des Krieges tief im Innern und verschanzt es hinter allen erdenklichen emotionalen Barrikaden. Man möchte auf keinen Fall, dass diese Gefühle von Mitleid und Enttäuschung an die Oberfläche gelangen, denn wenn sie das tun, dann werden sie den Kämpfer in einem zerstören; sie werden einem den Schneid nehmen und die Entschlossenheit, die es braucht, um den Feind zu besiegen. Aber hin und wieder sieht man einen Akt der Güte und Nächstenliebe, der die Sehnsucht nach den Zeiten weckt, als man sein Mitgefühl, seine Gnade oder auch seine Traurigkeit noch nicht hatte verstecken müssen, als man den Wohltätern zujubeln konnte, als kleine Gesten der Menschlichkeit einem ein Lächeln ins Gesicht zauberten und man stolz auf die Barmherzigen war. Es dauerte nur wenige Stunden, bis Gary Sinise seine C-130 bekam und die Schulmaterialien unterwegs zu Hunderten afghanischen Kindern waren.

Einige Jahre später besuchte ich einen meiner verwundeten Soldaten im Walter-Reed-Militärkrankenhaus und traf im Krankenzimmer auf Gary Sinise und seine Tochter. Unangekündigt und ohne Fanfaren war er hergekommen, um einem Soldaten, den er nicht kannte, Geschenke zu bringen. Egal, wo ich im Lauf der nächsten zehn Jahre hinkam – Gary war bereits da gewesen und hatte seine Spuren hinterlassen, hatte sich um Soldaten und deren Familien gekümmert. Über seine Stiftung und die Lt. Dan Band hat er Millionen von Dollar gesammelt, um den Verwundeten zu helfen und die Familien im Krieg Gefallener zu unterstützen. Was seine Taten so besonders macht, sind die Aufrichtigkeit seines Gebens und sein grenzenloses Mitgefühl. Jeder Handschlag ist ein Band der Freundschaft. Jede Umarmung ist ein Versprechen von Unterstützung. Jedes Lächeln kommt von Herzen. Der Einfluss eines einzigen Mannes, der getragen ist von tiefer Nächstenliebe und Wohlwollen, hat das Leben so vieler Menschen verändert.

* * *

Als ich noch ein Junge war, hat meine Mutter es immer geliebt, mir die Geschichte der North Platte Canteen zu erzählen. North Platte war eine Kleinstadt im ländlichen Nebraska, und die dortige »Kantine« war eine Raststätte an der Union Pacific Railroad, mit der Soldaten von der Westküste zu den Truppenschiffen transportiert wurden, die während des Zweiten Weltkriegs in Richtung Europa ausliefen. Eine junge Frau hatte eines Tages beschlossen, den Soldaten im Zug ein paar Sandwiches zu bringen. Ihre freundliche Geste fand einen solchen Anklang, dass schon bald darauf alle Bürger von North Platte einen Beitrag leisteten, um den Soldaten auf ihrem Weg in den Krieg zu helfen – mit Verpflegung, Geschenken, Karten, Briefen, Geld oder auch mit dem einen oder anderen Tänzchen. Im Verlauf der folgenden vier Jahre umsorgten die Einwohner mehr als sechs Millionen Soldaten, und jeder Soldat behielt die Aufmerksamkeit der Bürger von North Platte in dankbarer Erinnerung. Man stelle sich vor, wie sich das auf den Kampfgeist ausgewirkt hat.

Während meiner Jahre in Uniform und darüber hinaus habe ich beinahe täglich Gesten des Mitgefühls erlebt: Mitglieder des Roten Kreuzes, die den Opfern des Erdbebens halfen, das 2008 Pakistan erschütterte, oder auch den Opfern des Taifuns, der 2013 eine Schneise der Verwüstung über die Philippinen zog; Ärzte, die sich ehrenamtlich engagieren, um die Verwundeten im Jemen zu versorgen; Wohltätigkeitsorganisationen, die die Notleidenden im Kongo mit Lebensmitteln beliefern. Überall in Amerika halten Menschen Mahnwachen für ihre Nachbarn ab, die im Krieg als Helden gefallen sind; Passagiere jubeln bei der Landung in Washington, wenn im Rahmen sogenannter Honor Flights Veteranen an Bord sind, die kostenlos in die Hauptstadt geflogen werden, damit sie sich dort die Mahnmale der Kriege ansehen können, in denen sie gekämpft haben. Tausend Gesten der Güte, mit denen Soldaten die Dorfbewohner in Afghanistan und im Irak bedenken; Menschen aller gesellschaftlicher Schichten, jeder Hautfarbe und Herkunft, die ihren Mitmenschen nach den Verheerungen des Hurrikans Harvey halfen. All diese Taten und Gesten, ob klein oder groß, hoben das Menschsein hervor, das uns alle eint; sie waren eine Anerkennung der Tatsache, dass jeder von uns Respekt und Liebe verdient.

Die Wissenschaft lehrt uns, dass unser Gehirn, wenn wir anderen etwas geben, in gewissen Fällen ein Hormon absondert, das ein Wohlgefühl produziert. Aber es braucht nicht wirklich die Wissenschaft, um uns wissen zu lassen, dass wohltätiges Handeln dazu führt, dass wir uns gut fühlen. Die meisten von uns wissen schon von Kindesbeinen an, dass »Geben seliger denn Nehmen ist«. Aber warum ist das so? Warum? Weil … es ein immanenter Teil unserer Menschlichkeit ist. Tatsache ist, dass keine Gesellschaft lange überleben kann, wenn keine starken Bande zwischen Individuen, Familien, Gemeinden, Staaten und Nationen existieren: Nachbarn, die einander helfen, Gemeinden, die in Zeiten der Not zueinanderstehen; jede dieser Handlungen stärkt die Struktur unserer Gesellschaft und trägt auf diese Weise zum Erhalt unserer Spezies bei. Wenn wir unseren Sinn für Nächstenliebe, Güte und Mitgefühl verlieren, wenn die Nöte der anderen uns nicht mehr berühren, dann werden wir nicht mehr lang überleben.

Manchen ist es ein starkes Bedürfnis, zu geben. Sie spüren den Schmerz der anderen. Sie sind empathisch gegenüber den Verlorenen und Unglückseligen. Die Fürsorglichkeit ist Teil ihrer Natur. Wir alle kennen solche Menschen. Doch die meisten von uns müssen das Verlangen, gütig zu sein, in sich aufspüren. Das Leben kann uns zu Egoisten machen; allzu leicht werden Arbeit, Wohlstand und das Bild, das wir nach außen hin von uns vermitteln wollen, zu unseren Prioritäten. Unser Charakter, die Eigenschaften, die uns am menschlichsten sein lassen und uns am ehesten befähigen, gut in die Gesellschaft zu passen, können sich in den Fallstricken der Moderne verheddern. Zum Glück lässt das Problem sich leicht lösen: ein wenig Kleingeld für Obdachlose, eine Stunde Arbeit in der Suppenküche, ein Dinner für den Kirchenbasar, ein Dankeschön für Kriegsheimkehrer, eine kleine gute Tat, um den Charakter zu schmieden, die Seele zu stärken und den Kontakt zum Rest der Welt aufrechtzuerhalten.

Der Hero Code

Ich werde jeden einzelnen Tag wenigstens einer Person gegenüber gütig und mitfühlend sein, ohne dafür eine Gegenleistung zu erwarten.

KAPITEL SECHS

Beharrlichkeit

Der Mann in dem zerknitterten weißen Laborkittel sah aus wie eine von Einstein inspirierte Type aus dem Dauerkatalog einer Casting-Agentur. Sein langes, graues Haar war ungekämmt, er hatte sich seit mehreren Tagen nicht rasiert, und er hatte diesen abwesenden Blick, der mir verriet, dass er intensiv über etwas Wichtiges nachdachte.

»Jim. Jim«, sagte ich in dem Versuch, ihn aus seiner Konzentration zu reißen.

Als er meine Stimme hörte, lächelte er und streckte seine Hand aus. Er kannte mich in meiner damaligen Funktion als Leiter einer Universität.

»Oh, Chancellor. Schön, Sie zu sehen. Wie ist es Ihnen ergangen?«

Dr. Jim Allison schien immer guter Laune zu sein und er schien immer über den nächsten großen Durchbruch in der Wissenschaft nachzusinnen. Wir standen im Ballsaal des Hyatt-Hotels und warteten darauf, dass Allison seinen für die Lunchzeit angesetzten Vortrag hielt; ich beugte mich dicht zu ihm heran, damit die Umstehenden uns nicht hören konnten.

»Nun ja, Jim, ich habe eine schlechte Nachricht für Sie.« Ich hielt kurz inne. »Wie ich von der *Dallas Morning News* gehört habe, hat man sich dort entschieden, einer anderen Person den Titel ›Texaner des Jahres 2016‹ zu verleihen. Das tut mir wirklich leid. Nach allem, was Sie in der Medizin erreicht haben, hätten Sie ihn meiner Meinung nach wirklich verdient.«

»Ach, das braucht Ihnen doch nicht leid zu tun!«, sagte er. »Ihr Nominierungsschreiben war wunderbar. Und wissen Sie was?« Allison lächelte wie ein Teenager mit einer neuen Karre. »Die Band von Willie Nelson hat mich angerufen. Die haben Ihren Brief in der Zeitung gelesen, auch den Teil, in dem Sie erwähnen, dass ich Mundharmonika spiele.«

Sein Lächeln wurde noch breiter.

»Die haben mich eingeladen, mit ihnen auf die Bühne zu gehen und zu spielen.«

»Das ist fantastisch!«, sagte ich.

»Schon, aber Kanzler, ich sage es Ihnen. Ich bin richtig nervös. Ich meine, das ist immerhin Willie Nelson.«

Innerlich konnte ich mir ein Lachen nicht verkneifen. *Das ist Willie Nelson?*, dachte ich bei mir. *Tja, Willie, und das ist Jim Allison, er befreit die Welt vom Krebs.*

* * *

James Patrick Allison wurde 1948 in Alice, Texas, geboren. Ein wildes Kind mit zwei älteren Brüdern; besonders als Teenager geriet er immer wieder in Schwierigkeiten. Er war ein Sturkopf, der es liebte, Autoritäten herauszufordern. Sein Vater war ein Landarzt, der viel unterwegs war. Seine Mutter war eine liebevolle Hausfrau, die sich wunderbar um ihre Söhne kümmerte. Tragischerweise verstarb sie an einem Lymphom, als Jim gerade erst elf Jahre alt war. In späteren Jahren starben auch ihre beiden Brüder an Krebs. So niederschmetternd diese Verluste auch waren, sie trieben Jim Allison auf seiner langen Suche nach einem Heilmittel für Krebs an.

Nachdem Allison im Alter von sechzehn Jahren seinen Highschool-Abschluss gemacht hatte, begann er ein Studium an der University of Texas in Austin. Er war nicht eben gerade der typische Wissenschaftsstreber. Jim liebte es, in den örtlichen Spelunken zu feiern und seine Mundharmonika zu spielen, die er immer am Mann hatte. Aber die Wissenschaft war seine Passion. Wenn er nicht gerade feierte, traf man ihn im Labor an. Dort, in den Laboren der University of Texas, untersuchte er zunächst T-Zellen, jene Zellen des menschlichen Körpers also, die Viren angreifen und abtöten. Ihm kam der Gedanke, dass das menschliche Immunsystem genutzt werden könnte, um Krebs zu bekämpfen. Jahrelang verfolgte er diese radikale Idee, studierte und untersuchte jeden Aspekt des Immunsystems sowie dessen Auswirkungen auf Tumore. Er war von dieser Aussicht so begeistert, dass er im Rahmen seiner Doktorarbeit erörterte, inwieweit Bakterien dazu beitragen können, das Immunsystem von Kindern im Kampf gegen Leukämie zu unterstützen. Dieses Konzept, das Immunsystem zu nutzen, um Krebszellen anzugreifen, wurde von den meisten Medizinern für reinste Narretei gehalten. Doch Allison blieb hartnäckig.

»Das Wichtigste, was ich im Labor gelernt habe, ist Beharrlichkeit. Sich nicht so sehr enttäuschen zu lassen … Einfach weiterzuarbeiten.« Diese Einstellung sollte den ganzen weiteren Verlauf seiner Karriere definieren.

Als er dann 1973 seinen Dr. rer. nat. in der Tasche hatte, verschlug es ihn an die Scripps Clinic in Kalifornien, bevor er 1977 wieder nach Texas zurückkehrte, um eine Stelle im MD Anderson Cancer Center anzutreten. Während seiner Zeit dort konzentrierte er sich weiterhin auf T-Zellen als mögliches Mittel im Kampf gegen den Krebs.

1985 zog Allison nach Berkeley, Kalifornien, wo er im Rahmen seiner Untersuchungen herausfand, dass auf jeder T-Zelle ein Rezeptor verankert ist. Dieser Rezeptor hatte die Beschaffenheit eines Flansches, wie an einem Rohr, und verhielt sich, wenn er an eine gesunde Zelle ankoppelte, wie ein »Bremsmechanismus«, indem er die T-Zelle daran hinderte, die gesunde Zelle abzutöten. Doch die heimtückischen Krebszellen wussten genau, wo sich der Rezeptor befand, und sie waren in der Lage, das Immunsystem auszutricksen, sodass auch sie für gutartige Zellen gehalten wurden. Wenn es ihm nun gelänge, den Krebs (mittels Antikörpern) daran zu hindern, die Rezeptoren zu täuschen, dann würden die T-Zellen den Krebs als bösartig erkennen und zerstören können, so glaubte Allison. Entscheidend dafür war es, den Bremsmechanismus zu kontrollieren, damit die T-Zellen den bösen Krebs bekämpfen konnten und nicht die guten Zellen abtöten würden.

1995 injizierte Allison einem Dutzend Mäuse Krebstumore und verabreichte ihnen die Antikörper, von denen er sich erhoffte, dass sie den Krebs daran hindern würden, die T-Zellen-Rezeptoren zu blockieren. Als er einige Tage später nach den Mäusen sah, waren deren Tumore unglücklicherweise gewuchert. Von diesen Ergebnissen entmutigt, nahm er an, dass sein Experiment gescheitert war. Doch nur zwei Tage nach dieser ersten Untersuchung waren beinahe alle Tumore verschwunden. Die Ergebnisse galten als unmöglich! Seine Kollegen waren fassungslos angesichts der Daten. Nie zuvor hatte man eine solch dramatische Verbesserung in so kurzer Zeit beobachten können.

Gewiss würden die Kollegen und Kolleginnen aus der Wissenschaft sich nun erheben und diese neuen Entwicklungen einhellig begrüßen. Es würde nicht lange dauern, bis ein lebensrettendes Therapeutikum zur Verfügung stünde, um den an Krebs Erkrankten zu helfen. Gewiss. Gewiss …

Gewiss nicht.

Während der folgenden fünfzehn Jahre kämpfte Jim Allison darum, seine Entdeckung der Welt präsentieren zu können. Die Forschungsgemeinschaft zeigte sich weniger enthusiastisch, als er gehofft hatte. Alle früheren Versuche, das menschliche Immunsystem zur Heilung von Krebs zu nutzen, hatten nur geringfügigen Erfolg gezeigt. Viele hielten Allisons Forschung für »einen Haufen Voodoo«. Hinzu kam, dass die großen Pharmaunternehmen sich an einer Reihe von Medikamenten die Finger verbrannt hatten, deren Entwicklung Millionen von Dollar verschlungen hatte, und die dann doch nur begrenzten Erfolg brachten. Egal, wo Allison auch hinging, die Antwort lautete: »Nein.« *Nein, wir werden Ihnen keine Finanzierung zur Verfügung stellen. Nein, wir werden nicht mehrere Jahre in klinische Studien investieren. Nein, wir sind von der Aussagekraft Ihrer Arbeit nicht überzeugt. Und welchen Teil von »Nein« haben Sie eigentlich nicht verstanden?* Doch Allison glaubte an seine Forschung.

Jim war wie besessen davon, seine Behandlungsmethode marktfähig zu machen. »Ich glaube, wann immer man einen großen Wandel herbeiführen will, der zunächst mal Unruhe stiftet, braucht es dafür ein gehöriges Maß an Unbeirrbarkeit«, sagte er. Diese zähe Beharrlichkeit, diese Fähigkeit, trotz aller Herausforderungen durchzuhalten, machte den Unterschied zwischen Erfolg und Niederlage aus.

Endlich, nachdem er sich jahrelang abgemüht hatte, Unterstützung aufzutun, erklärte das Pharmaunternehmen Brystol-Myers Squibb sich bereit, Testreihen an Menschen zu finanzieren. Eine seiner frühen klinischen Studien führte Dr. Allison an einer jungen Frau von dreiundzwanzig Jahren durch, die gegen ein metastatisches Melanom ankämpfte. Der Krebs hatte gestreut und befand sich nun auch in ihrer Leber und ihrem Gehirn. Vor der klinischen Studie hatte sie sich bereits drei unterschiedlichen Formen von Chemotherapie und Bestrahlung zur Behandlung eines Hirntumors unterzogen. Nichts hatte gewirkt. Ihr Körper gab auf, ihre Prognose war düster. 2006 erhielt sie Allisons experimentelles Medikament. Binnen weniger Tage begann sie sich zu erholen, und nach nur einer Woche zeigte eine Hirnszintigraphie, dass der Tumor fort war. *Komplett verschwunden!* Vierzehn Jahre später war sie noch immer krebsfrei.

2011 erteilte die amerikanische Food and Drug Administration (FDA) die Genehmigung, Allisons Medikament Ipilimumab im Kampf gegen Krebs einzusetzen. Seitdem haben mehr als eine Million Menschen das Medikament erhalten, und auch wenn nicht jeder von ihnen dadurch geheilt wurde, so gibt es doch Hunderttausende Menschen, die heute noch am Leben sind, weil Jim Allison sich weigerte aufzugeben.

Lassen Sie mich diesen letzten Teil wiederholen: *Hunderttausende Menschen, die heute noch am Leben sind.* Seine Beharrlichkeit hat sich ausgezahlt.

2017 kam Jim Allison auf die Bühne des Austin-City-Limits-Musikfestivals, zog eine Mundharmonika aus seiner Gesäßtasche und spielte mit Willie Nelson dessen Song »Roll Me Up and Smoke Me When I Die«. Zwölf Monate später trat er wiederum auf eine Bühne, diesmal im schwedischen Stockholm, wo er den Nobelpreis für Medizin in Empfang nahm.

Ich glaube daran, dass die Geschichte zeigen wird, dass Erfolg nicht nur ein Resultat von Hirn- oder Muskelschmalz, von Talent oder Intellekt, von Fähigkeit oder Findigkeit ist, sondern auch von Beharrlichkeit. Genie ohne Entschlossenheit – das ist nur eine weitere Person mit einer guten Idee. Athletisches Können ohne Zielstrebigkeit – das ist nur verschwendetes Talent. Die Welt ist voller Männer und Frauen, die nichts zustande gebracht haben, weil sie ihren Traum aufgegeben haben. Weil sie nicht den Schneid, die Zielstrebigkeit, die Willenskraft hatten, um weiterzumachen – komme, was da wolle. Doch die Geschichte ist ebenso voller Helden, die sich den Herausforderungen gestellt haben, die sich beharrlich bemüht haben und etwas verändern konnten.

George Washington musste auf dem Schlachtfeld mehr Niederlagen hinnehmen, als er Siege einfahren konnte. Abraham Lincoln verlor acht Wahlen, bevor er die Präsidentschaft errang. Thomas Edison ist zehntausend Mal gescheitert, bevor er die Glühbirne erfand. Henry Ford ist mit zwei Unternehmen gescheitert, bevor er Erfolg hatte. J. K. Rowling lebte von Sozialhilfe, bevor es ihr gelang, das erste *Harry Potter*-Buch zu verkaufen, und Oprah Winfrey hat eine äußerst schwierige Kindheit durchlebt, bevor sie ihren Weg fand. Martin Luther King sprach einst die berühmten Worte: »Wenn du nicht fliegen kannst, renne. Wenn du nicht rennen kannst, laufe. Wenn du nicht laufen kannst, krieche. Aber was immer du tust: Bewege dich weiter.«

* * *

Ich werde oft gefragt, was es braucht, um das Navy-SEAL-Training zu überstehen. Viele junge Anwärter glauben, es käme auf die Zahl der Klimmzüge an, die man schafft, darauf, wie schnell man rennen kann oder wie sehr man seine Bestzeit beim Schwimmen verbessern kann. Es kommt auf keine dieser Sachen an. Ich habe die besten Sportler des Landes nach der ersten Woche aufgeben sehen, und andersherum habe ich erlebt, wie junge Männer mit nur wenig Talent im Training glänzten. Die schlichte Antwort lautet: Um das SEAL-Training zu überstehen, gibt man einfach nicht auf. Punkt. Das ist alles.

Und wie schafft man es nun, durchzuhalten? Beim SEAL-Training haben wir diesen Spruch: »Setzen Sie eine *Evolution* vor die andere.« Als angehende »Froschmänner« beginnen wir das Training als »Kaulquappen« und müssen uns, um unser Ziel zu erreichen, *entwickeln*. Diese *Evolutions* sind individuelle Ereignisse: ein langer Lauf, das Schwimmen im offenen Ozean, Stunden körperlichen Trainings, jeweils begleitet von Schmerz, Erschöpfung und regelmäßigem Scheitern. Der Auszubildende, der zu weit in die Zukunft blickt, fürchtet oft, dass ihm mehr zugemutet wird, als er auszuhalten vermag. Wenn er die Zukunft als eine endlose Aneinanderreihung von Hindernissen begreift, dann wirkt es manchmal so, als seien die Herausforderungen zu gewaltig, um sie zu stemmen. Wenn Sie aber jede Hürde nehmen, wie sie kommt, ohne sich wegen des nächsten Ereignisses, wegen des nächsten Tages, Monats oder Jahres zu sorgen, dann werden aus einer überwundenen Hürde bald schon zwei, und aus zweien werden drei, und ehe Sie sich versehen, ist die Aufgabe erfüllt.

Das Leben kann bisweilen kompliziert sein. Aber den Herausforderungen, denen Sie sich stellen müssen, haben sich im Laufe der Geschichte schon Milliarden von Menschen gestellt. Diejenigen, die die vor ihnen liegenden Hindernisse überwunden haben – ob nun im persönlichen oder im beruflichen Sinne –, haben eines gemeinsam: Sie haben niemals aufgegeben. *Und Sie sollten das auch nicht tun!*

Der Hero Code

Ich werde niemals aufgeben, wenn eine Sache für mich, meine Familie, mein Land oder meinen Glauben von großer Bedeutung ist. Ich werde beharrlich sein.

KAPITEL SIEBEN

Pflicht

Auf dem schweren Messingschild am Eingang des Büros stand *Senator John McCain, Arizona.* Ich korrigierte den Sitz der Jacke meiner blauen Navy-Ausgehuniform, zog meine Krawatte zurecht und öffnete die Tür. Im Vorzimmer wurde ich von einem jungen Mann begrüßt, der hinter einem Schreibtisch saß. Er bat mich, Platz zu nehmen, während er den Senator über meine Ankunft informieren würde. Ich setzte mich auf einen der drei Stühle im kleinen Wartebereich.

McCain war der Erste, dem ich heute einen Besuch abstattete. Man hatte vorgeschlagen, mich zum Vier-Sterne-Admiral zu befördern und mir die Leitung des US Special Operations Command zu übertragen. Aber bevor es dazu kommen konnte, musste der Senat meiner Berufung zustimmen. Das bedeutete, dass es ein Anhörungsverfahren geben würde. Vor dieser Anhörung musste ich bei wichtigen Senatoren vorstellig werden, damit diese sich »einen Eindruck von mir verschaffen konnten«.

Nur Augenblicke später betrat McCain das Zimmer. Mit einem breiten Lächeln im Gesicht und einem beherzten Händedruck bat er mich in sein Büro. Als wir uns an seinen Couchtisch setzten, kam ich nicht umhin, mir einige seiner Erinnerungsstücke anzuschauen. Fotos, die ihn mit diversen Weltpolitikern zeigten, Zeitungsartikel, die von seiner Führungsstärke berichteten, Zeitschriften, auf deren Covern sein Gesicht prangte, und eine Menge Sammelstücke von verschiedenen Schiffen und U-Booten der Navy. In der Ecke hinter seinem Schreibtisch erblickte ich ein Foto des jungen Lieutenant Commander John McCain. Das gab mir zu denken. Mir war bewusst, dass der Mann, der mir hier gegenübersaß, mehr war als nur ein US-Senator. Er war ein amerikanischer Held, die Verkörperung von Pflichtgefühl seinem Land gegenüber.

* * *

Sowohl der Vater als auch der Großvater von Senator John McCain hatten als Vier-Sterne-Admiräle der Navy gedient. Sein Großvater, John S. McCain senior, hatte während einiger der geschichtsträchtigsten Unterfangen des Zweiten Weltkriegs Sondereinheiten auf Flugzeugträgern kommandiert. Sein Vater, John S. McCain junior, wurde während des Vietnamkriegs zum Oberbefehlshaber der US-Streitkräfte im Pazifik ernannt. Alle drei Männer hatten einen Abschluss der United States Naval Academy.

1967 war McCain an Bord des Flugzeugträgers *USS Forrestal* gegangen, um an einem Kampfeinsatz in Vietnam teilzunehmen. Am 29. Juli jenes Jahres brach ein Feuer auf dem Flugzeugträger aus. McCain, der sich im Cockpit seines in Standposition befindlichen A-4-Jets befand, fand sich inmitten der lodernden Flammen wieder. Nachdem er aus seinem Flugzeug gesprungen war, eilte er einem Pilotenkameraden zur Hilfe, der seinerseits in einem brennenden Flieger feststeckte. Während McCain sich mühte, den Mann in Sicherheit zu zerren, explodierte in einem der umstehenden Jets eine Bombe und jagte McCain Schrapnelle in die Beine und den Brustkorb. Es dauerte mehr als vierundzwanzig Stunden, bis das Feuer gelöscht war. Während dieser Stunden starben an Bord des Schiffes 134 Männer. Es war der verheerendste Brand in der Geschichte der Navy, aber wie so oft bei solchen Katastrophen zeigten sich Tapferkeit und Heldentum in eindringlicher Weise.

Nachdem McCain sich von seinen Verletzungen erholt hatte, beantragte er umgehend, mit einem anderen Flugzeugträger nach Vietnam übersetzen zu dürfen. Man wies ihn der *USS Oriskany* zu. Am 26. Oktober 1967, während er seinen dreiundzwanzigsten Bombeneinsatz über Hanoi flog, wurde McCains A-4-Jet von einer Boden-Luft-Rakete getroffen. Als das Flugzeug außer Kontrolle geriet, zog McCain den Hebel für den Schleudersitz und schoss rapide aus dem Flugzeug. Die Schleudergeschwindigkeit brach ihm beide Arme und ein Bein. Er landete in einem nahegelegenen See und wäre fast ertrunken, wurde jedoch von wütenden vietnamesischen Dorfbewohnern an Land gezogen. McCain wurde geschlagen und mit Bajonetten drangsaliert, bevor man ihn schließlich den Nordvietnamesen auslieferte und ins berüchtigte Kriegsgefangenenlager »Hanoi Hilton« brachte.

Im Verlauf der nächsten Monate wurde McCain verhört und gefoltert; eine medizinische Versorgung fand kaum statt. Nachdem man ihn in ein anderes Lager verlegt und dort in Isolationshaft gesteckt hatte, schien er dem Tode fast schon geweiht. Als die Nordvietnamesen endlich herausfanden, dass er der Sohn eines amerikanischen Admirals war, beschlossen sie, ihn für Propagandazwecke einzuspannen. Sie boten McCain eine frühzeitige Entlassung aus dem Kriegsgefangenenlager an, wodurch sie seinen Mitgefangenen und der Welt demonstrieren konnten, dass man als Privilegierter, als Sohn eines Navy-Admirals, bevorzugt behandelt wurde. Wer um alles in der Welt hätte es McCain zum Vorwurf gemacht, wenn er auf dieses Angebot eingegangen wäre? Man hatte ihn ohne Unterlass misshandelt, seit er im Lager angekommen war. Jetzt bot sich eine Gelegenheit heimzukehren. Zurück zu seiner Familie. Zurück in ein komfortables Leben. Fort von diesem Höllenloch, in dem er dahinvegetierte. Doch Lieutenant Commander John McCain wusste um die Pflicht, die er gegenüber seinen Mitgefangenen und seinem Land hatte. Artikel III des militärischen Verhaltenskodexes besagt: »Ich werde weder eine bedingte Haftentlassung noch besondere Gefälligkeiten durch den Feind annehmen.«

McCain widersprach einer Rückführung. Er würde den Verhaltenskodex nicht brechen. Er würde seine Mitgefangenen nicht im Stich lassen. *Er würde seine Pflicht nicht vernachlässigen.* Indem er sich seiner Entlassung verweigerte, inspirierte er die anderen Gefangenen; er setzte moralisches Vertrauen in den Verhaltenskodex und ehrte das Vermächtnis aller Amerikaner, die jemals in Kriegsgefangenschaft geraten waren. Die Nordvietnamesen waren außer sich vor Wut, und im Verlauf des nächsten Jahres wurde McCain wöchentlich gefoltert und gequält wie ein Stück Vieh. Dann endlich, fünf Jahre später, fünf lange Jahre später, wurden McCain und seine Mitgefangenen im März 1973 freigelassen.

* * *

In seinem Senatsbüro unterhielten McCain und ich uns über unsere Zeit in der Navy. Ich erzählte ein paar Geschichten von meinem Dienst im Irak und in Afghanistan, und wir lachten miteinander, als er ein paar amüsante Anekdoten aus seiner Zeit als Navy-Pilot zum Besten gab. Obwohl wir verschiedenen Generationen angehörten, gab es doch vieles, das uns einte. Während unseres gesamten Gespräches war er freundlich, witzig und manchmal ein klein wenig respektlos, aber für mich war offensichtlich, dass er eine unsterbliche Dankbarkeit gegenüber den Männern und Frauen empfand, die im Militär dienten. Als ich aufstand, um zu gehen, schüttelte er mir die Hand und drückte sie für ein oder zwei Sekunden kräftig. »Ich kann Ihnen nicht genug danken für alles, was sie getan haben«, sagte er. Ich hätte darauf gar nicht zu antworten gewusst. Hier stand ein Mann vor mir, der die Hölle auf Erden erlebt hatte und zurückgekehrt war. Ein Mann, der der Welt gezeigt hatte, was Pflichtbewusstsein gegenüber dem eigenen Land bedeutet, *und er dankte mir.* Ich werde diesen Augenblick und die Bescheidenheit des Mannes, der seinen Dienst so treu erfüllte, niemals vergessen. Am nächsten Tag wurde ich durch das Armed Services Committee zur Bestätigung vorgeschlagen und bald darauf auch bestätigt. Im Laufe der darauffolgenden drei Jahre bin ich McCain noch oft begegnet. Manche dieser Gelegenheiten spielten sich vor dem Armed Services Committee ab, wo er sein Pflichtbewusstsein gegenüber dem Senat und dem amerikanischen Volk jedes Mal wieder eindringlich unter Beweis stellte.

* * *

Seine Pflicht zu erfüllen, bedarf nicht der Opferbereitschaft und Tapferkeit eines John McCains. Ein paar Jahre zuvor war ich in Afghanistan, als Präsident Obama dem afghanischen Präsidenten Hamid Karzai überraschend einen Besuch abstattete. Nachdem die Air Force One am Luftstützpunkt in Bagram gelandet war, verschlechterte sich plötzlich die Wetterlage zwischen Bagram und der Hauptstadt Kabul, sodass der Präsident festsaß. An jenem Abend erhielt ich eine weitere beeindruckende Lektion, die mir den Wert der Pflichterfüllung veranschaulichte.

* * *

»Sir! Die Piloten sagen, die Mission ist ausgeschlossen. Zwischen hier und Kabul gibt es Sicht nur auf etwa dreihundert Meter, und sie werden nicht riskieren, POTUS in diesem Wetter zu fliegen.«

»Roger«, antwortete ich. »Kann man ihnen nicht zum Vorwurf machen.«

»Jawohl, Sir. Aber was werden sie jetzt mit POTUS machen? Er sitzt für die nächsten sechs Stunden in Bagram fest.«

»Tja, dafür ist der Division Commander verantwortlich. Ich bin mir sicher, der General wird sich etwas einfallen lassen, um den Präsidenten beschäftigt zu halten.«

Ich warf einen Blick auf den Einsatzplan. Unsere nächste Mission würde erst in zwei Stunden ausrücken.

»Ich gehe noch eine Stunde in die Fitnesshalle«, sagte ich. »Informieren Sie mich, wenn sich hier etwas ändert.«

»Roger, Sir. Ich werde Sie ausfindig machen.«

Ich verließ die Befehlsstelle, wechselte in meine Sportkluft und joggte rüber zu der großen Wellblechhalle, die uns als Fitnesseinrichtung diente. Kaum, dass ich aufs Laufband gesprungen war, kam ein junger Unteroffizier in die Halle geflitzt.

»Sir. Wir haben soeben einen Anruf von der Division erhalten. Man will, dass Sie rüber zum Flugfeld kommen und Präsident Obama über die nächsten geplanten Schritte unseres Afghanistan-Feldzugs informieren.«

»Was denn? Jetzt?«

»Jawohl, Sir. In zwanzig Minuten ist ein Gespräch angesetzt.«

»Zwanzig Minuten!«, sagte ich mit Blick auf meine Armbanduhr.

»Also gut. Schnappen Sie sich Major Smith und sagen Sie ihm, er soll das Briefing fünf Mal ausdrucken. Ich ziehe mich um und wir treffen uns in fünf Minuten an der Befehlsstelle. Sorgen Sie dafür, dass die Jungs von der Security sich bereithalten.«

Ich stürzte aus der Fitnesshalle, zog mich auf meinem Zimmer um und rannte dann zur Befehlsstelle. Ich checkte die Zeit auf meiner Armbanduhr. Wir hatten noch fünfzehn Minuten, um zum Flugfeld zu gelangen. Reichlich Zeit, wie ich dachte. Was sollte auf der fünfhundert Meter langen Fahrt zum Flugfeld schon schiefgehen?

Als der aus drei Autos bestehende Konvoi vor meinem Hauptquartier vorfuhr, sprang Pete Marlowe, mein stellvertretender Command Sergeant Major, auf den linken Hintersitz des zweiten Wagens, während ich meinen üblichen Platz hinter dem Beifahrersitz einnahm. Wieder blickte ich auf meine Armbanduhr. Showtime in zehn Minuten.

»Dann wollen wir mal, Jungs«, sagte Marlowe, der wusste, dass ich sofort loswollte.

Der Fahrer trat aufs Gas und wir fuhren aus dem Camp hinaus. Wie zu erwarten, war auf der Hauptstraße kein Verkehr. In der Ferne sah man das schaurig gelbe Leuchten der tiefhängenden Wolken, die von den Lichtern des Flugfeldes angestrahlt wurden. Nach ein paar hundert Metern auf der Hauptstraße bog das Auto vor uns abrupt links ab und fuhr auf das hintere Eingangstor des Flugplatzes zu. Showtime in acht Minuten. Langsam wurde es knapp.

Am Eingangstor stand eine junge Gefreite der Air Force. Als der Konvoi sich ihr näherte, streckte sie ihre flache Hand aus und wies uns so an, stehenzubleiben. Sie trug ihre Arbeitsuniform, einen schlechtsitzenden Kevlar-Helm und übergroße Körperpanzerung, hatte ein M4-Sturmgewehr geschultert und wirkte nicht eben wie die geeignetste Kandidatin zur Bewachung dieses Tores.

Als das Auto vor uns zum Halten gekommen war, sprang mein Sicherheitsoffizier, ein Army-Sergeant, hinaus und ging auf die junge Gefreite zu. Wieder blickte ich auf meine Armbanduhr. Sechs Minuten noch, bis ich den Präsidenten der Vereinigten Staaten instruieren sollte. Vom Rücksitz aus konnte ich sehen, wie sich die achtunggebietende Gestalt des Sergeants in Richtung der jungen Gefreiten lehnte. Er überragte sie bei Weitem; mit einem Arm wies er auf den Flugplatz, und ich konnte hören, wie sich seine dröhnende Stimme über die Motorengeräusche erhob. Dann tippte er mit einem Finger auf seine Armbanduhr. Dann schrie er wieder. Dann wedelte er mit den Armen, und er schrie, und er tippte auf seine Armbanduhr. Die Frau weigerte sich, den Weg freizugeben. Ein wenig Zeit hatten wir noch, dachte ich mir. Von unserem Standpunkt aus glaubte ich schon, den Hangar zu erkennen.

Ein paar Sekunden später kam der Sergeant auf meinen Wagen zugelaufen und Marlowe ließ das Fenster herunter.

»Sir, sie lässt uns nicht durch«, sagte er und biss verärgert die Zähne zusammen. »Sie sagt, sie habe keine Befugnis erhalten. Ich habe ihr klargemacht, dass sie sich schleunigst eine besorgen soll. Ich habe ihr klargemacht, dass der POTUS Sie augenblicklich erwartet.«

Marlowe wandte sich mir zu. »Ich regle das, Boss. Lassen Sie mich mit ihr reden.«

Ich schaute auf meine Armbanduhr. Vielleicht würden wir es noch pünktlich schaffen.

Marlowe stieg aus dem Wagen und ging langsam auf die junge Gefreite zu. Ich konnte seine Stimme hören. Sie war ruhig und angemessen. Er erklärte ihr, dass ich ein Drei-Sterne-Admiral war und dass der Präsident der Vereinigten Staaten, der Oberste Befehlshaber, mich um ein Briefing gebeten hatte. Ob sie uns also bitte durchlassen würde, wir würden ihrem Vorgesetzten erklären, dass sie alles richtig gemacht habe.

Nichts zu wollen. Sie bewegte sich nicht.

Es dauerte nicht lang, und ich hörte wieder Geschrei. Hände wiesen in Richtung Flugfeld. Arme wurden in die Luft geworfen. Finger tippten auf Armbanduhren. Ich stieg aus dem Wagen aus.

Marlowe kam auf mich zu. »Sir, sie weigert sich, Platz zu machen. Sie sagt, dass es ihre Verantwortung ist, dieses Tor zu bewachen, und dass man ihr gesagt hat, sie dürfe niemanden hineinlassen. Ausdrücklich niemanden.«

»Danke. Mal sehen, was ich tun kann.«

Als ich mich der jungen Gefreiten näherte, konnte ich die Angst in ihren Augen sehen. Meine drei Sterne waren gut sichtbar auf der Brust meines Hemdes sowie auf meiner Schirmmütze platziert.

»Guten Abend, Airman Jackson«, sagte ich, nachdem ich das Namensschild auf ihrer Uniform gesehen hatte. »Wie geht es Ihnen?«

»Gut, Sir«, sagte sie und nahm Habachtstellung ein.

»Airman Jackson, ich glaube, meine Jungs haben Ihnen das bereits gesagt, aber der Präsident erwartet mich zu einem Briefing, jetzt sofort. Was bedeutet, dass wir uns in diesem Augenblick verspäten.«

»Jawohl, Sir. Das haben sie mir gesagt.« Sie zitterte ein wenig, versuchte aber, Ruhe zu bewahren.

»Hören Sie, Airman. Sie können erkennen, dass ich kein Terrorist bin. Ich bin kein Taliban. Ich bin ein amerikanischer Offizier der Navy, der unbedingt auf den Flugplatz muss, um den Präsidenten zu sehen.«

»Jawohl, Sir. Ich verstehe.« Plötzlich straffte sich ihre Körperhaltung noch etwas mehr und sie blickte mir in die Augen. »Sir, mir ist bewusst, dass Sie Ihren Job zu erledigen haben, aber ich habe meinen Job ebenso zu erledigen. Ich bin dafür verantwortlich, dieses Tor zu bewachen. Und meine Anweisungen sind eindeutig. Niemand darf das Gelände ohne Genehmigung betreten. Und Sir«, sagte sie mit zitternder Stimme, »Sie haben keine Genehmigung.«

Ich blickte auf meine Armbanduhr. Nun hatten wir uns verspätet. Der Präsident würde sich fragen, wo ich blieb.

»Können Sie eine Genehmigung einholen?«, fragte ich ruhig.

»Sir, ich arbeite bereits daran, aber bevor mein Sergeant mir nicht bestätigt hat, dass Sie überprüft wurden, kann ich Sie nicht durchlassen.«

»In Ordnung, Airman. Ich verstehe. Geben Sie uns einfach Bescheid, sobald wir weiterkönnen.«

Ich schaute der jungen Frau in die Augen. Nichts würde sie von ihrer Haltung abbringen.

Während wir noch einige Minuten warteten, fragte ich mich, was ich dem Präsidenten sagen würde. Endlich ging die junge

Frau auf den vorderen Wagen zu, informierte uns darüber, dass sie die nötige Bestätigung erhalten hatte und winkte uns durch das Tor. Als mein Wagen an ihr vorüberfuhr, nahm sie Habachtstellung ein und salutierte.

Während der folgenden zwei Stunden instruierte ich den Präsidenten und sein Team über Sondereinsatzmissionen, die wir in Afghanistan, im Irak, im Jemen und in Somalia durchführten. Der Präsident fragte nicht, weshalb ich mich verspätet hatte, und ich habe mich ihm auch nicht erklärt.

Nach dem Briefing ging ich zurück zum wartenden Konvoi und wir fuhren wieder in Richtung Hauptquartier. Als wir das hintere Eingangstor passierten, bat ich den Fahrer anzuhalten. Ich stieg aus dem Wagen und ging auf die junge Gefreite zu, die noch immer Dienst hatte. Sie nahm wieder Habachtstellung ein.

»Airman Jackson«, setze ich mit erhobener Stimme an. »Ich möchte Sie nur wissen lassen, dass ich zehn Minuten zu spät zu meiner Besprechung mit dem Präsidenten der Vereinigten Staaten gekommen bin. Zehn Minuten!«

Sie sagte kein Wort.

»Ich habe mich verspätet, weil Sie sich weigerten, mich durchzulassen. Sie haben mich nicht durchgelassen, als mein Sergeant Sie aufgefordert hat. Sie haben mich nicht durchgelassen, als mein Command Sergeant Major Sie aufgefordert hat. Und Sie haben mich selbst dann nicht durchgelassen, als ich Sie persönlich dazu aufgefordert habe. Und ich bin ein Drei-Sterne-Admiral, verdammt noch mal.«

»Jawohl, Sir«, sagte sie leise und blickte auf ihre Schuhe.

Ich griff in meine Tasche und zog meine *Commander's Coin* hervor, eine kleine Medaille, die nur an Soldaten vergeben wird, die herausragende Arbeit leisten.

Mit einem Lächeln legte ich der Gefreiten die Medaille in die rechte Hand.

»Sie haben exakt das getan, was Sie hätten tun sollen. Sie können jederzeit bei mir anheuern.«

Sie richtete den Blick nach unten auf die Medaille, dann schaute sie mich an, dann wieder die Medaille, und schließlich lächelte sie.«

»Ich habe lediglich meine Pflicht erfüllt, Sir.«

»Haargenau.«

* * *

Die General Order Number One – die Erste Grundsatzanweisung – ist das Fundament des Militärs der Vereinigten Staaten. Was sie besagt, ist wichtig, doch was sie bedeutet, ist der Schlüssel zu einem wohlgelebten Leben und einer gesunden Gesellschaft. Sie besagt: »Ich werde die Verantwortung für meinen Posten sowie jeglichen Regierungsbesitz in meiner Sichtweite übernehmen.« Sie bedeutet, dass man verantwortlich ist nicht nur für sein eigenes Handeln, sondern auch für jedes Handeln, das Auswirkungen hat auf das, was einen umgibt. Airman Jackson trug die Verantwortung für das Tor. Sie handelte nicht in blindem Gehorsam. Sie verstand, dass die Sicherheit des Präsidenten gefährdet sein könnte, wenn sie diese Anweisungen nicht strikt befolgte. Irgendwo auf diesem Flugfeld befand sich ein Sergeant, der die Verantwortung für mehrere Airmen trug. Irgendwo anders befand sich ein Captain, der die Verantwortung für mehrere Sergeants trug; ein Colonel trug die Verantwortung für mehrere Captains; und ein General trug die Verantwortung für mehrere Colonels. Die Pflichterfüllung all dieser Menschen gewährleistete, dass der Präsident der Vereinigten Staaten während seiner Reise in Sicherheit war. Bei der General Order Number One geht es um die Pflicht, die man zu erfüllen hat; es geht um die Verantwortung, die man gegenüber den Männern und Frauen hat, die mit einem und für einen arbeiten und für die man selbst arbeitet.

* * *

Im Verlauf meiner langen Militärkarriere habe ich bemerkenswerte junge Amerikaner erlebt, die ihre Pflichten in allen erdenklichen Bereichen und unter allen erdenklichen Bedingungen erfüllten. Ich erinnere mich noch an den neunzehnjährigen Verwaltungsangestellten, der seinen Job für unbedeutend hielt. Wie konnte er beim Bearbeiten der Bezüge von Veteranen mit den Kämpfern mithalten, die jeden Tag aufs Neue ausrückten? Erst als er ein Dankesschreiben von der Ehefrau eines gefallenen Soldaten erhielt, wurde ihm klar, dass sein vermeintlich banaler Job tatsächlich ziemlich wichtig war. Oder der Sergeant, der für die Versorgung der Truppen zuständig war, und achtundvierzig Stunden durcharbeitete, nur um einer Spezialeinheit, die seit Monaten kein anständiges Essen auf den Tisch bekommen hatte, einen Thanksgiving-Truthahn zukommen zu lassen. Ich erinnere mich an die Krankenschwester der Air Force, die sich weigerte, ihren Patienten im Operationssaal zurückzulassen, als im afghanischen Kandahar feindliche Raketen rund um das Krankenhaus niedergingen. Ich kann die Piloten des Ambulanzhelikopters nicht vergessen, die mitten in ein tosendes Feuergefecht hineinflogen, um zwei meiner SEAL-Kameraden da rauszuholen. Oder die beiden Marines in Ramadi, Irak, die ihre Stellung behaupteten, als ein Wagen mit einer Sprengladung auf ihren Posten zuraste. Sie taten ihre Pflicht und retteten einhundertfünfzig Irakern und Amerikanern das Leben. Ich entsinne mich auch der Hunderten ausländischen Dienstoffiziere, Geheimdienstler und Vollzugsbeamten, die allesamt ihre Pflicht taten, damit andere leben konnten. Es gibt da ein altes Sprichwort: »Weil ein Nagel fehlte, ging ein Hufeisen verloren. Weil ein Hufeisen fehlte, ging ein Pferd verloren. Weil ein Pferd fehlte, ging ein Reiter verloren. Weil ein Reiter fehlte, ging eine Schlacht verloren. Weil eine Schlacht verlorenging, ging das Königreich verloren. Das Königreich ging verloren, weil ein Nagel fehlte.« Es gibt viele Auslegungen dieser alten Volksweisheit, aber für mich fasst es zusammen, was es bedeutet, seine Pflicht zu erfüllen. Hätte der Schmied seine Pflicht erfüllt und den Nagel korrekt in das Hufeisen geschlagen, wäre das Königreich nicht verloren gegangen. Wenn der Beamte die Büroarbeit nicht erledigt oder der Sergeant nicht dafür sorgt, dass es etwas zu essen gibt, wenn die Krankenschwester oder der Pilot oder die Marines ihre Pflicht nicht erfüllen, dann ist immer das Königreich bedroht.

Die Idee der Pflicht ist eine simple. Wir alle haben in unserem Leben einen Job zu erledigen. Ob dieser Job nun darin besteht, Kunden in einem Restaurant zu bedienen, unsere Familie zu versorgen, unsere Kinder zu unterrichten, in unseren Städten auf Streife zu gehen, die Kranken und Schwachen zu pflegen, das Tor zu bewachen, den militärischen Verhaltenskodex zu befolgen oder das Land anzuführen – wir müssen den uns gegebenen Auftrag nach bestem Wissen und Gewissen erledigen. Wir müssen unseren Job nicht deshalb gut machen, weil es unserem Interesse dient, sondern deshalb, weil es dem Interesse der anderen dient. Wir leben nicht allein auf dieser Welt. Pflicht ist die Anerkennung der Tatsache, dass wir gegenüber unseren Mitmenschen eine Verantwortung haben. Sie ist ein selbstloser Akt, egal ob nun groß oder klein, der zum Wohlergehen der Menschheit beiträgt. Das ist es, was sie so ausgesprochen wirkmächtig macht. *Wenn Sie ein Held sein wollen: Nichts einfacher als das. Tun Sie einfach Ihre Pflicht!*

Der Hero Code

Welche Aufgabe man mir auch aufträgt, an welche Pflicht ich auch gebunden sein mag, ich werde sie nach bestem Wissen und Gewissen ausführen. Ich werde pflichtbewusst sein.

KAPITEL ACHT

Hoffnung

In der Luft lag ein leichter Hauch von Reinigungsalkohol, als ich am Infusionszentrum des MD Anderson Cancer Center vorbeilief. Etwa zwölf Leute lagen in Krankenhausbetten, während aus Zwei-Liter-Beuteln lebensrettende Medikamente in ihre Venen tropften. Die meisten von ihnen hatten ihr Haar verloren oder sie wirkten erschöpft von ihrem langen Kampf. Ich versuchte, Ruhe zu bewahren, als ich mich dem Warteraum näherte.

Zwei Monate zuvor, während eines Einsatzes in Afghanistan, hatte ich einen Videoanruf von einer Ärztin meines Heimatstandorts in North Carolina erhalten. Sie setzte mich darüber in Kenntnis, dass man bei mir im Rahmen meiner letzten Knochenmarkbiopsie eine Chronische Lymphatische Leukämie (CLL) festgestellt hatte. Ihre Prognose war nicht ermutigend. Sie sagte mir, dass die CLL in meiner Milz saß. Infolgedessen würde ich umgehend aus Afghanistan zurückkehren müssen, um mir diese entfernen zu lassen und eine Chemotherapie zu beginnen. Ohne jedes Federlesen sagte sie mir außerdem, dass dies das Ende meiner beruflichen Laufbahn sein würde, da ich einen Großteil meiner Zeit in den Kampf gegen die Krankheit würde investieren müssen. Die Diagnose machte mich fassungslos, und die ersten Tage nach dem Anruf waren mir nur schwer erträglich. Bald darauf kehrte ich nach North Carolina zurück und informierte Georgeann. Wie jede großartige Partnerin konzentrierte sie sich sofort darauf, Lösungen zu finden. Binnen weniger Stunden hatte sie den weltweit führenden Experten in Sachen CLL aufgetan, Dr. Michael Keating. Wie der Zufall es wollte, praktizierte er in meinem Heimatstaat Texas am MD Anderson.

Während wir im Sprechzimmer des Arztes saßen und warteten, fragte ich mich, wie mein Leben sich nun verändern würde. In meinem Kopf spielte ich alle Worst-Case-Szenarien durch. Zwanzig Jahre zuvor war meine Mutter an Lungenkrebs verstorben, und ich erinnerte mich noch daran, wie ich in ihren letzten Momenten bei ihr am Bett saß. Sie war nicht mehr bei Bewusstsein und der Krebs hatte sie dürr und gespenstisch blass werden lassen. Es war herzzerreißend, ihr bei ihren letzten Atemzügen zuzusehen. Ich stellte mir vor, wie meine Kinder an meinem Bett säßen, und ich wollte nicht, dass sie denselben Schmerz durchleiden mussten.

Während diese furchterregenden Gedanken durch meinen Kopf schossen, wurde die Tür des kleinen Sprechzimmers geöffnet und ein großer, rotgesichtiger Mann platzte herein. Sofort sprang ich von meinem Stuhl auf. Er trug einen weißen Laborkittel, hielt in einer Hand ein Klemmbrett und inspizierte mit raschem Blick den Raum. Dann warf er das Klemmbrett auf den Schreibtisch, ging auf mich zu und dröhnte mit einem breiten australischen Akzent: »Na los, eine kleine Umarmung!« Bevor ich Einspruch erheben konnte, hatte er seine massigen Arme um mich geworfen und drückte mich fest an sich.

Dann wandte er sich Georgeann zu und sagte: »Und Sie sind also die Ehefrau?«

Georgeann nickte.

»Tja, Sie brauchen sich nicht länger nach einem neuen Kerl umzuschauen. Der hier wird wieder gesund werden.«

Georgeann und ich starrten einander an, völlig perplex von dieser Verkündung.

»Entschuldigen Sie bitte, Herr Doktor«, stammelte ich. »Was haben Sie gesagt?«

Mit einem Grinsen im Gesicht griff Keating sich das Klemmbrett. »Ich sagte, dass mit Ihnen alles in Ordnung sein wird.

»Okay …«, antwortete ich ein wenig ungläubig. »Meine Ärztin in North Carolina sagte mir, dass man mir die Milz entfernen müsse und dass ich sofort mit einer Chemotherapie beginnen soll.«

»Nee«, sagte er und schaute mir ins Gesicht. »Das Mittelalter ist doch inzwischen vorbei. So was machen wir heute nicht mehr.«

Bevor ich noch etwas sagen konnte, wandte er sich wieder Georgeann zu. »Was meinen Sie denn? Wollen Sie ihn noch ein Weilchen dabehalten?«

Seit er ins Zimmer geplatzt war, hatte Georgeann noch kein Wort gesprochen. Ich konnte sehen, wie ihre Augen sich mit Tränen füllten.

»Ja«, sagte sie leise und lenkte ihren Blick auf mich.

»Njaah, er sieht schon so aus wie jemand, den man ganz gerne noch dabehalten möchte«, röhrte er.

Während der darauffolgenden Minuten ging Keating mit uns die Ergebnisse des Laborberichts durch; ausführlich erläuterte er uns, was die einzelnen Werte bedeuteten und wie die CLL sich auf meinen Körper auswirkte. Wir gingen alle therapeutischen Verfahren und den Ablauf meiner Behandlung durch. Meine Erstdiagnose aus North Carolina war zwar korrekt, doch Keating und seine Kollegen hatten neue Therapeutika entwickelt, um die CLL in den Griff zu kriegen. Während des Gesprächs lachte er immer wieder, erzählte ein paar Witze und mehrere Geschichten aus seiner Kinderzeit in Australien. Am Ende unserer Unterhaltung waren all meine Ängste wie weggeblasen.

»Welche Fragen haben Sie denn noch?«, fragte Keating Georgeann.

»Also …« Sie hielt inne und schaute mich wieder an. »Sollte er mehr Obst und Gemüse essen?«

Keating lächelte und schüttelte den Kopf. »Nee.«

»Na ja …« Sie dachte noch einmal nach. »Sollte er mehr Sport treiben?«

Keating musterte mich und schüttelte erneut den Kopf. »Sieht doch so aus, als ob er in Topform ist, finde ich.«

»Aber sollte er vielleicht weniger Alkohol trinken?«

Keating sprang unvermittelt von seinem Stuhl auf, im Gesicht einen Ausdruck gespielter Abscheu. »Grundgütiger, nein!«, rief er.

Wir alle drei fingen an zu lachen.

Schnell klinkte ich mich wieder ins Gespräch ein. »Dann kann ich also wieder zurück Afghanistan gehen?«

»Na klar«, sagte er. »Sehen Sie aber zu, dass Sie nicht erschossen werden.«

Mit einem Mal war mir mein Leben zurückgegeben worden. Ich konnte eine andere Zukunft sehen. *Ich hatte Hoffnung.* Statt mich auf all das Schlechte zu fokussieren, das mir passieren könnte, freute ich mich nun auf die wundervollen Möglichkeiten, die die kommenden Jahre für mich bereithielten. Was die letztendlichen Auswirkungen der Krankheit betraf, machte ich mir nichts vor. CLL wirkt sich auf das Immunsystem aus; es schwächt den Körper und macht ihn anfällig für andere Krebsarten und weitere Erkrankungen. Aber irgendwie war es dem ausgelassenen Australier gelungen, mich zu mehr Optimismus zu ermutigen: zu lächeln, zu lachen, auch mal ein oder zwei Witze zu reißen, das Leben aus den Vollen zu schöpfen und mich nicht ständig darum zu sorgen, was sein könnte. Wenn aus »Was sein könnte« ein »Was ist« werden würde – dann würden wir uns darum kümmern. Sein Optimismus war ansteckend. Seine Unbesorgtheit nahm die Last der Angst von meinen Schultern. Er gab mir die Kraft, weiterzumachen. Von jenem Tag an kehrte ich alle sechs Monate zurück ins MD Anderson, um neuen Optimismus zu tanken und meine Hoffnungsbatterien wieder aufzuladen.

Während der folgenden vier Jahre leitete ich weiterhin weltweit Sondereinsatztruppen. 2011 hat eine dieser Truppen unter meinem Kommando Osama bin Laden seiner gerechten Strafe zugeführt. Von 2011 bis 2014 waren mir sämtliche Sondereinsatztruppen der Vereinigten Staaten unterstellt. 2014 beendete ich meinen Dienst in der Navy und hatte in den folgenden drei Jahren die Ehre, Chancellor der University of Texas System zu sein. 2017 holte mich die CLL schließlich wieder ein; ich litt unter starker Anämie und die Zahl meiner Blutplättchen sank drastisch. Dr. Keating, der immer noch rasch mit einem guten Witz und einem herzhaften Lachen zur Stelle war, pumpte mich mit lebensrettenden Chemikalien voll und sorgte dafür, dass es mir wieder gut ging.

Bei meinen Reisen um die Welt habe ich festgestellt, dass Hoffnung die stärkste Kraft des Universums ist. Mit Hoffnung lässt sich alles ertragen. Ohne Hoffnung ist einem ein Leben voller Angst und Verzweiflung beschieden. Doch nur selten habe ich die Kraft der Hoffnung so klar manifestiert gesehen, wie damals, als ich die Gelegenheit hatte, ehemalige Kriegsgefangene des Vietnamkriegs zu treffen.

* * *

Während des Vietnamkriegs sind mehr als tausend Amerikaner in Gefangenschaft geraten. Die Behandlung, der sie durch die Nordvietnamesen ausgesetzt waren, war barbarisch. In jahrelanger Haft wurden sie geschlagen, isoliert und bekamen bisweilen weder Nahrung noch Wasser. Mit jedem Jahr, das verging, schwand ihre Hoffnung auf Befreiung. Die meisten von ihnen glaubten, dass sie ihre Familien niemals wiedersehen würden. Sie hatten nur noch einander, sonst niemanden mehr.

1970 führte eine Spezialeinheit der Army, die Green Berets, eine Rettungsmission in Nordvietnam durch, um einige der Kriegsgefangenen aus einem Lager namens Son Tay zu befreien.

Geheimdienstinformationen zufolge wurden in diesem Lager mehr als sechzig amerikanische Soldaten gefangen gehalten, die einer solch brutalen Behandlung ausgesetzt waren, dass schnelles Handeln erforderlich war. Am 21. November rückten die Green Berets mit sechs Helikoptern aus und flogen die mehr als tausend Kilometer von Thailand über Laos, bis sie schließlich die nordvietnamesische Grenze überquerten. Als sie im Lager landeten, eröffneten die nordvietnamesischen Wachen sofort das Feuer auf sie. Nach einem intensiven Feuergefecht, bei dem zweiundvierzig feindliche Kämpfer getötet wurden, wurde ihnen schmerzlich bewusst, dass die Kriegsgefangenen nicht mehr vor Ort waren. Der Geheimdienst fand erst später heraus, dass man die Amerikaner Monate zuvor verlegt hatte, weil die Wasservorräte in Son Tay verseucht waren. Der Rettungseinsatz war auf ganzer Linie gescheitert. So dachten die Soldaten zumindest. Erst zwei Jahre später, nachdem die amerikanischen Kriegsgefangenen freigelassen worden waren, konnte man die vollständigen Auswirkungen des Überraschungsangriffs nachvollziehen.

Im April 1973 lud der texanische Milliardär Ross Perot alle Kriegsgefangenen und das Son-Tay-Einsatzkommando sowie deren Familien zu einer großzügigen Wiedersehensfeier nach San Francisco ein. Jahrelang hatten die Mitglieder des Einsatzkommandos unter dem Scheitern ihrer Mission gelitten. Die Geschichte, die die Kriegsgefangenen zu erzählen hatten, hörte sich allerdings ganz anders an.

»Wir wussten, dass man uns nicht vergessen hatte«, sagte einer der Ex-Gefangenen mit Tränen in den Augen.

»Dieser Überraschungsangriff war für unsere Moral von so großer Bedeutung«, bekundete ein anderer.

»Die Einsatzkräfte haben uns wieder Hoffnung gegeben, und von diesem Tag an wussten wir, dass wir jede Prüfung überstehen konnten, komme, was da wolle.« So oder ähnlich lautete jede Äußerung.

Sie haben uns Hoffnung gegeben.

Mit der Unterstützung der Familie Perot kommen die Son-Tay-Einsatzkräfte und die ehemaligen Kriegsgefangenen sowie deren Familien seit 1973 jährlich einmal zusammen, um der Gefallenen zu gedenken und diejenigen zu ehren, die ihre Freiheit für die Nation opferten. Sie danken denen, die versucht haben, sie zu retten. Ich hatte das Glück, 2005 dabei sein zu dürfen, und diejenigen, die in Gefangenschaft geraten waren, haben dieses Gefühl der Hoffnung nie wieder vergessen. Der Überraschungsangriff weckte in jedem in Vietnam gefangen gehaltenem Amerikaner ein Gefühl von Hoffnung; er gab ihnen neue Zuversicht, die sie durch ihre dunkelsten Stunden führte.

* * *

Was ist Hoffnung anderes als der Glaube daran, dass es morgen besser sein wird: dass morgen Ihre Kinder glücklicher sein werden; dass morgen Ihr Krebs in Remission gehen wird; dass Ihre Retter es morgen noch einmal versuchen werden; dass Ihr Land sich morgen nicht im Krieg befinden wird; dass morgen die Nation vereint sein wird und dass die Welt eine sicherere sein wird. Doch die Hoffnung ist mehr als nur ein frommer Wunsch. Wenn Sie Hoffnung in die Welt tragen möchten, dann müssen Sie herausfinden, worin Sie gut sind und andere daran teilhaben lassen. Menschen glauben den Hoffnungsbringern, den Dr. Keatings und den Green Berets, *nur dann*, wenn sie glauben, dass diese ihr Versprechen auch einhalten können. Die gute Nachricht lautet: *Wir alle haben etwas, worin wir gut sind* – etwas, woran wir andere teilhaben lassen können und das sie hoffen lässt. Eine Begabung, über die jemand anderes nicht verfügt. Wir sind schneller, stärker, klüger, freundlicher, sanfter, wohlhabender, mutiger, nachsichtiger, barmherziger, vertrauenswürdiger, ehrlicher oder sonst etwas, das wir mehr als andere sind. Alle Helden verfügen über etwas, das sie einzigartig macht. Finden Sie diese Begabung und nutzen Sie sie, um andere zu inspirieren – um Hoffnung zu spenden und ein besseres Morgen zu schaffen.

Der Hero Code

Ich werde meine einzigartigen Begabungen nutzen, um andere zu inspirieren – damit sie hoffnungsvoll auf ein besseres Morgen vertrauen können.

KAPITEL NEUN

Humor

Das im kalifornischen Ferienort Coronado stationierte Underwater Demolition Team Eleven (UDT-11) war in den 1970ern eines von drei UDT/SEAL-Teams an der Westküste. Ihre Anlage bestand aus einer Ansammlung von Gebäuden aus der Zeit des Zweiten Weltkriegs, nur etwa fünfzig Meter vom Strand entfernt. Egal, wo man sich innerhalb des Geländes befand, überall und immer hing der Geruch des Pazifiks und trocknender Neoprenanzüge in der Luft. Für mich war das der Geruch von Abenteuer. Irgendwo schleusten sich Froschmänner der Navy aus U-Booten aus, sprangen aus Flugzeugen, jagten Dinge in die Luft und bereiteten sich auf den nächsten großen Kampf oder Geheimeinsatz vor. Jedes der drei Teams hatte seine eigenen Lager für Taucheranzüge, Waffen und Fallschirme sowie eigene Umkleideräume. Bei den meisten der 150 Navy-Angehörigen, die die UDT-11 bildeten, handelte es sich um hochdekorierte Vietnam-Veteranen. Jede Zusammenkunft von mehr als zwei Männern endete mit dem Austausch von Einsatzgeschichten, ob nun siegreich oder desaströs, die auf diese Weise Eingang in die UDT-Überlieferungen fanden. Doch als ich selbst noch ein junger Froschmann war, der gerade erst das Training hinter sich gebracht hatte, hat nichts meinen SEAL-Charakter so sehr geformt wie das morgendliche Fitnesstraining auf dem *Grinder*. Der Grinder ist ein rauer Asphaltplatz (und nicht etwa eine Dating-App), auf dem für die Navy SEALs jeder Tag beginnt. Der Asphalt schleift dich körperlich ab, er stellt deinen Erfolgswillen auf die Probe und lehrt dich Demut. Auf dem Grinder lernt man die großen Lektionen des Lebens.

* * *

»Sie sind also der Neue?«, bemerkte einer meiner Offiziere.

»Jawohl, Sir«, antwortete ich. »Heute ist mein erster Tag bei den Teams.«

»Der erste Tag bei den Teams? Ah, Sie werden es hier lieben«, sagte er. »Die Jungs werden Sie mit offenen Armen willkommen heißen. Die alten Vietnam-Veteranen sind richtig nett. Die lieben Offiziere. Ganz besonders neue Offiziere. Die werden Sie richtig gut behandeln.«

»Großartig. Ich freue mich darauf.«

Ein verschlagenes Grinsen huschte über das Gesicht des Offiziers.

In khakifarbenen Schwimmhosen, blau-goldenen T-Shirts und Dschungelstiefeln verließen wir das Gebäude Richtung Grinder. Nach einem kurzen täglichen Briefing durch den Executive Officer durften wir uns rühren und stellten uns in einem Kreis auf – dem Fitnesstraining-Kreis.

Und dann ging es los.

»Also, Ensign. Wie ich höre, sind Sie auf die Texas A&M gegangen?«

»Nein, Chief. Auf die University of Texas. Nicht auf die A&M.«

»Dann gab's also keine richtige Uni, die Sie aufnehmen wollte?«

Bevor ich antworten konnte, war jemand anders mit einer Antwort zur Stelle. »Er kommt aus Texas. In Texas gibt es keine richtigen Schulen.«

»Dann waren Sie also nicht klug genug, um es auf die Academy zu schaffen? Wir Froschmänner erwarten von unseren Offizieren, dass sie klug sind. Worin haben Sie Ihren Abschluss gemacht?«

Ich zögerte. »Journalismus, Chief.«

»Journalismus! Sie sind ein verdammter Reporter! Hey, XO, wir brauchen keinen verdammten Reporter in unseren Reihen.«

Der Executive Officer lächelte, blieb aber stumm.

»In welcher SEAL-Training-Klasse waren Sie?«, rief ein Mann von der anderen Seite des Kreises.

»Jahrgang ’95«, rief ich zurück.

»Sie wollen mich doch verarschen!«, sagte ein älterer Offizier und spuckte einen Batzen Tabak aus.

»Ich habe gehört, kein Jahrgang hätte es so einfach wie der ’95er. Die hatten ihre Hell Week im Sommer.«

Während der nächsten Viertelstunde hatte jeder der fünfzig Männer im Kreis etwas zu meinen Defiziten beizutragen. Zwischen Liegestützen, Trockenkraulen, Rumpfbeugen und Liegestütz-Strecksprüngen stellten sie meine Herkunft, meine Sportlichkeit, meinen Intellekt, meinen Heimatstaat, die Qualität meiner SEAL-Ausbildung und selbstverständlich auch mein Liebesleben infrage.

»Haben Sie ’ne Freundin?«, fragte einer der derben alten Chiefs.

»Jawohl, Chief.«

»Wie sieht sie denn aus?«

»Oh, hübsch ist sie. Sehr zierlich. Brünett, haselnussbraune Augen, etwa eins fünfundsechzig.

Der Chief lächelte. »Meinen Sie, die würde einen dunkelhäutigen Italiener mit Schnurrbart mögen?«, fragte er und zwirbelte die Enden seines Schnauzes.

Ich sah eine offene Flanke.

»Nein, Chief«, sagte ich und ließ meinen Blick über den Grinder schweifen. »Sie steht auf Männer, die größer sind als sie.«

Im Kreis wurde es still. Der Chief, der selbst nicht größer als eins fünfundsechzig war, stand vom Boden auf und lief zu mir herüber. Nur etwa zehn Zentimeter von mir entfernt blieb er stehen, blickte mich spöttisch an und sagte: »Wollen Sie damit sagen, dass ich klein bin?«

Die Männer im Kreis schüttelten ihre Köpfe. Einer formte mit den Lippen die Worte: »Lassen Sie das, Ensign.« Ein anderer sagte kaum vernehmbar: »Er ist sehr empfindlich, wenn’s um seine Größe geht.«

»Nun ja, Chief, Sie sehen zu mir hoch.«

Jeder auf dem Grinder hörte mit seinen Übungen auf und blickte in meine Richtung.

»Was! Finden sie das vielleicht komisch, Ensign? Glauben Sie, dass es komisch ist, einen Chief Petty Officer der Navy zu beleidigen? Ich bin sehr, sehr empfindlich, was meine Größe anbelangt, und das verletzt mich.«

Ich hielt inne und fragte mich, ob ich es mit meiner Schlagfertigkeit zu weit getrieben hatte.

Mit einem Mal barst der Chief vor Lachen und die anderen Männer im Kreis stimmten mit ein.

»Willkommen in den Teams, Ensign!«

Als das Fitnesstraining endete, kamen der Chief und alle anderen Teammitglieder auf mich zu, um mir die Hand zu geben und mich im UDT-11 willkommen zu heißen. Ich hatte den Test bestanden. Ich hatte Sinn für Humor.

Das allmorgendliche Training auf dem Grinder machte einem jeden Tag aufs Neue bewusst, wie wichtig Humor war. Ganz egal, wer man war, vom befehlshabenden Offizier bis hinunter zum rangniedrigsten Matrosen, man war öffentlichem, wenn auch gutmütigem Spott ausgesetzt. Diese tägliche Abreibung sorgte dafür, dass man rasch wieder demütig wurde, wenn die Einbildung größer war als der Erfolg. Die pointierten Sticheleien setzten die Dinge wieder ins rechte Licht, wenn man zu sehr mit seinen Fehlern haderte. Das flinke Hin und Her der Scherze schärfte die Sinne, sodass man in der Lage war, auf einen Angriff mit einer treffenden Erwiderung zu reagieren – einer Erwiderung, die das Gegenüber immer kichern ließ, ohne es je wirklich zu beleidigen.

In den SEAL-Teams gab es nichts, woraus sich nicht ein Lacher hätte schlagen lassen. Jeden Tag gelang es irgendeinem Witzbold, dich auf ausgelassene Weise vorzuführen: Ein Kommandeur habe dringendst um Rückruf gebeten, ließ man dich wissen, aber der hatte natürlich keine Ahnung, was du von ihm wolltest; dein Tauchanzug wurde ausgetauscht gegen einen, der dir zwei Nummern zu klein war; eine Unbekannte schlug während der Arbeit auf und behauptete, deine Exfrau zu sein; die Getränke des gesamten Teams landeten irgendwie auf deinem Deckel; um Mitternacht sollten alle wegen eines Notfalls antreten, aber dann war man der Einzige, der auf dem Platz erschien. Jeder dieser Streiche sollte dich vorführen, diente aber gleichzeitig auch dazu, den Teamgeist zu stärken. Wenn du gut darauf reagiert hast, respektierte man deine bescheidene Art. Wenn du dich über den Witz geärgert hast und kleinkariert Rache nehmen wolltest, dann konnte es schnell passieren, dass du deinen Platz in der Umkleide verlorst. Den Humor des Augenblicks anzunehmen, machte dich in beinahe jeder Hinsicht stärker.

Jahre nach meiner Zeit beim UDT-11 war ich im Rahmen eines Übungseinsatzes in Ägypten. Nachdem wir das SEAL-Team für die Mission abgesetzt hatten, gab der Motor meines kleinen Bootes den Geist auf; meine Crew und ich trieben zehn Stunden lang auf offener See herum. Schließlich kam ein Schiff der ägyptischen Küstenwache und wir mussten uns kurzerhand zurück nach Alexandria schleppen lassen. Ein schrecklich peinlicher Anblick. Doch als mein Boot im Hafen einlief, erwarteten meine SEAL-Teammitglieder mich bereits. Da dieser Moment nun einmal so beschämend war, hätte man doch wenigstens erwartet, würdevoll willkommen geheißen zu werden. Stattdessen standen sie allesamt in einer Reihe am Kai und sangen die Titelmelodie der alten Fernsehshow *Gilligan's Island*: »*Just sit right back and you'll hear a tale, a tale of a fateful trip* …« Sie hielten ein Schild hoch, auf dem stand: »Willkommen zurück, SS Minnow« – ein Verweis auf ein Charterboot in *Gilligan's Island*, das auf Grund gelaufen war.

Vier Jahre später, als ich bei einem Fallschirmsprung beinahe tödlich verunglückte, ließ mein Team T-Shirts drucken, auf denen ich als Cartoon-Figur zu sehen war – fallschirmspringend mit einem Amboss auf dem Rücken.

Und drei Jahre danach machte der gesamte Kader des Joint Special Operation Command in einer einstündigen Videokonferenz Witze auf meine Kosten, angeführt von General Stan McChrystal. Einmal mehr ging es darum, mir meine Defizite unter die Nase zu reiben. »McRaven den cleversten SEAL in den Teams zu nennen, ist so, als würde man ihn den schnellsten Sumoringer in einem Wettlauf nennen. Wozu taugt er eigentlich? Er ist ein Texaner, der nicht reiten kann, und ein Navy-Typ, der kein Boot segeln kann. Und Basketball? Der Mann hüpft ganze fünf Zentimeter in die Senkrechte.«

Es gab noch viele weitere anzügliche Spitzen, allesamt spaßig und harmlos, und ich brüllte vor Lachen. Selten habe ich mich von den Männern, an deren Seite ich diente, so respektiert gefühlt.

Nirgends war der Sinn für Humor greifbarer als in den Krankenzimmern der Hunderten von Soldaten, die ich in Krankenhäusern im Irak, in Afghanistan und in den Staaten besucht habe. Jeder hatte seine eigene Geschichte. Ein Feuergefecht, eine Sprengfalle, ein Raketen- oder Granatwerfer. Irgendetwas Schreckliches hatte ihr Leben zerstört, doch sie weigerten sich, anderer Leute Mitleid hinzunehmen. Sie bekämpften ihre Angst und die Ungewissheit, indem sie lachten.

Ich erinnere mich noch an den Army Sergeant, der Schütze auf einem Humvee war, als das Fahrzeug von einer RPG getroffen wurde. Auf der Intensivstation wurden seine grauenvollen Wunden versorgt. Die Explosion hatte ihm erhebliche Brandverletzungen zugefügt und sein gesamter Körper war so geschwollen, dass seine Haut bis fast zum Zerreißen gespannt war. Doch konnte ich in seinen Augen sehen, dass er ein Kämpfer war. Und ein Mann mit Sinn für Humor. Als ich aufheiternd stichelte, dass er beschissen aussehe, antwortete er prompt: »Oh, aber Sie sollten den anderen Typen sehen, Sir.« Das war eine Standardpointe. Eine Art Kompromiss unter Kämpfern. Der Witz war zugleich ein Schild, das ihn vor der Ernsthaftigkeit seiner Verletzungen schützte, und ein Schwert, das nach dem Feind schlug und sagte: *Mich hast du nicht besiegt, denn ich kann immer noch lachen.*

Ich erinnere mich auch an den Kameraden, der eins achtundsechzig groß war, bevor man ihm beide Beine amputieren musste. Mit seinen neuen Prothesen brachte er es auf stolze eins neunundachtzig. Er gab immer damit an, dass die zusätzliche Größe ihn für Frauen attraktiver mache. Oder der einhändige Ranger, der witzelte, dass er mit seinem mechanischen Schraubgriff endlich in der Lage sei, einen Golfschläger korrekt zu halten. Die besten Soldaten, die zähesten von allen, wussten ihren Humor so einzusetzen, dass er vom Schmerz ihres Verlustes ablenkte.

Doch kein Schmerz war quälender als der Verlust eines Kameraden. Ich hatte die Ehre, an Dutzenden von Gedenkveranstaltungen teilzunehmen, Gelegenheiten, den bemerkenswerten Heldenmut eines gefallenen Kämpfers zu würdigen. Die Soldaten, die die Trauerreden hielten, verwendeten ohne Ausnahme Humor, um den Schmerz zu lindern und hervorzuheben, dass das Leben ihres Freundes, wie auch immer es geendet haben mochte, von Spaß und Lachen erfüllt gewesen war. Jeder gefallene Held hatte zu Lebzeiten irgendwann mal den Schalk im Nacken gehabt. Ich erinnere mich an einen SEAL, der den Nassanzug seines Kumpels mit Schmerzsalbe füllte; an einen Ranger, der vor einem langen Trainingsmarsch den Rucksack eines Freundes mit zusätzlichem Gewicht beschwerte; an den Green

Beret, der vorgab, dass der Fallschirm seines Kameraden falsch zusammengefaltet war; und an den Helikopterpiloten, der seinen Co-Piloten während einer Übung auf das falsche Schiff schickte. Jeder gefallene Held war außerdem auch Zielscheibe eines nicht weniger lustigen Streichs gewesen. Diese eindringlichen Trauerreden machten deutlich, dass das Leben des Helden – so traurig sein Verlust auch sein mochte und so bitter das Ende auch scheinen mag – ein gutes Leben gewesen ist, weil es ein Leben voller Lachen war.

* * *

Inmitten des amerikanischen Bürgerkriegs war Präsident Abraham Lincoln für seinen Humor bekannt. Ein Mann, der jede Wahl außer die Präsidentschaftswahl verloren hatte, der unter Depressionen litt, der zwei Kinder in jungen Jahren verloren hatte und der nun die Bürde eines Krieges schulterte, der die Union zerstörte – und immerzu suchte er Zuflucht im Humor.

Er witzelte so häufig, dass man kritisierte, er würde die Verluste durch die Schlacht nicht ernst genug nehmen; aber Lincoln wusste um den Wert des Humors. Er wandte Humor an, um die Enttäuschung der Niederlage zu mildern, um einen wütenden Wähler zu beschwichtigen, um Fehden zwischen Generälen zu schlichten und um die Moral der Union zu stärken.

Die meisten seiner Witze hatten ihn selbst zum Gegenstand. Er liebte es, die Geschichte von einem Mann zu erzählen, der eines Tages in einem Zug auf ihn zugekommen war. Der Mann hatte gesagt: »Ich habe einen Gegenstand in meinem Besitz, der Ihnen gehört.« Der Mann zog ein Springmesser aus seiner Tasche und setzte zu einer Erklärung an. »Als man mir dieses Messer gab, musste ich versprechen, es aufzubewahren, bis ich einen Mann finden würde, der noch hässlicher ist als ich. Bitte gestatten Sie mir die Feststellung, Sir – ich glaube, Sie haben durchaus ein Anrecht auf den Besitz dieses Messers.«

Ein Reporter des *New York Herald* schrieb einmal: »Ich glaube, es würde schwerfallen, jemanden aufzutun, der bessere Witze erzählt und sich mehr an ihnen erfreut und der häufiger lacht als Abraham Lincoln.« Lincoln wusste einen guten Witz so sehr zu schätzen, dass er dem Vernehmen nach der Ansicht war, dass man Schulkindern neben Lesen, Schreiben und Rechnen auch Humor unterrichten sollte. In Zeiten von Aufruhr, Krisen und Unruhen nutzen große Führungsfiguren Humor als einen Quell der Stärke für sich selbst und für die, die sie anführen.

* * *

Humor ist für jeden Helden eine der wichtigsten Eigenschaften. Wenn Sie Mut beweisen wollen, dann lachen Sie der Gefahr ins Gesicht. Wenn Sie Bescheidenheit demonstrieren wollen, dann lachen Sie über sich selbst. Wenn Sie ein Opfer bringen wollen, dann opfern Sie Ihre Eitelkeit einem Witz. Wenn Sie Mitgefühl zeigen wollen, dann nutzen Sie Humor, um die Unmittelbarkeit des Schmerzes zu lindern. Wenn Sie aufrichtig sein wollen, dann lachen Sie über Ihre Unzulänglichkeiten. Wenn Sie Hoffnung spenden wollen, dann nutzen Sie Humor, um etwas Licht in die Dunkelheit zu bringen. Wenn Sie schwierige Zeiten überstehen wollen, dann sollten sie besser lernen, wie man lacht. Entdecken Sie Ihre komödiantische Stimme und nutzen Sie Ihren Witz, um die Menschen in Ihrem Umfeld zu retten, um sie von ihrem Leid zu befreien, ihnen Freude zu spenden und ihnen zu helfen, selbst in den finstersten Zeiten den Humor nicht aus den Augen zu verlieren.

Das ist es, was wahre Helden tun.

Der Hero Code

Ich werde bewusst humorvoll sein, um dadurch anderen Trost zu spenden; und ich werde niemals Angst davor haben, über mich selbst zu lachen.

KAPITEL ZEHN

Vergebung

Im Schneidersitz saß ich auf dem Fußboden des großen Saals, umgeben von etwa einhundert Afghanen aus dem Dorf Gardez. Vor dem Gebäude hatten sich noch einige Hunderte versammelt, um dem Ereignis beizuwohnen. Mir gegenüber war ein alter Mann in einem traditionellen Salwar Kamiz mit dem langen und locker sitzenden Oberhemd und den weiten Hosen. Sein braunes Gesicht war von Trauer gezeichnet und verwittert von der Zeit. Neben ihm saß sein ältester Sohn, zwanzig Jahre jünger und ganz in Schwarz gehüllt. Die Wut stand ihm offen im Gesicht. Und wer hätte es ihm zum Vorwurf machen können?

Wochen zuvor war eine Mission in Gardez, bei der ein Taliban gefangen genommen werden sollte, furchtbar fehlgelaufen. Soldaten meiner Einheit hatten das Gelände des alten Mannes umstellt, in der Hoffnung, einen lokalen Taliban-Anführer in die Hände zu kriegen. Zwei der Söhne des Mannes entdecken die Soldaten auf dem Dach, nahmen allerdings an, *diese* seien Taliban und verteidigten sich. Die Amerikaner feuerten auf die beiden Männer, in der Annahme es würde sich um Sympathisanten des Feindes handeln; die Söhne wurden im Kampf getötet. Die Tochter des alten Mannes sowie zwei weitere Frauen wurden ebenfalls getötet, als verirrte Kugeln aus der Waffe eines Soldaten durch eine Tür schlugen. Während meiner gesamten Militärzeit war dies der herzzerreißendste Moment, den ich erleben musste.

In Übereinstimmung mit der afghanischen Tradition war ich an diesem Tag hier, um Kriegsentschädigung in Form mehrerer Schafe und einer bescheidenen finanziellen Kompensierung anzubieten. Doch in Wirklichkeit war ich nach Gardez gekommen, um mich zu entschuldigen, um den Vater wissen zu lassen, wie sehr ich das Leid bedauerte, das meine Soldaten und dieser Krieg über ihn gebracht hatten. Ich hatte keine Ahnung, wie der alte Mann mir vergeben sollte. Wäre ich an seiner Stelle gewesen, hätte der Hass zu tief gesessen, als dass ich mich mit jemandem hätte versöhnen können, der auch nur im Entferntesten für den Tod meiner Kinder verantwortlich war.

Ein Mann mittleren Alters mit einem langen braunen Bart, von dem ich annahm, dass er ein Imam war, stand uns als Moderator und Dolmetscher zur Verfügung. Der Vater, der den Blick in Traurigkeit gesenkt hatte, vermochte es kaum, vom Boden aufzuschauen. Nach einer langen Einführung wandte sich der Imam dann schließlich mir zu. Was konnte ich sagen, das den Schmerz des alten Mannes lindern würde, das ihn davon überzeugen würde, dass mein Bedauern aufrichtig war und meine Entschuldigung von Herzen kam? Was würde solch eine tragische Kriegshandlung jemals wiedergutmachen können? Ich hatte lange und genau darüber nachgedacht, was ich sagen würde. Bevor ich meinen Standort in Bagram verließ, hatte ich mich mit meinem afghanischen Kollegen General Salam beraten. Als ich ihn fragte, was ich dem Vater sagen sollte und wie ich mein Bedauern zum Ausdruck bringen könne, schien diese Frage ihn zu verwundern.

»Der Vater wird Ihnen vergeben«, sagte Salam sehr sachlich.

»Wie ist das möglich?«, fragte ich ungläubig.

Salam reckte seinen Hals, als versuche er noch immer, meine Frage zu verstehen.

»Allah würde es so wollen.«

Ein wenig genervt antwortete ich: »Ja, natürlich, Salam, aber nicht alle Muslime, denen ich begegnet bin, sind so versöhnlich.«

Salam lächelte; er hatte den nicht allzu verschleierten Hinweis auf al-Qaida und die Taliban verstanden.

»Ich kenne dieses Dorf. Hier leben gute Leute. Gute Muslime. Der Vater wird Ihnen vergeben.«

Salam konnte die Skepsis in meinem Gesicht sehen.

»Der Koran lehrt uns den Wert der Gnade. Der Vater wird Ihnen vergeben, weil es ihn von seiner Last befreien wird. Nicht von der Last seines Verlustes. Nichts kann diese Last je von ihm nehmen. Aber die Last seines Hasses und seines Zorns. Vergebung ist ein großes Geschenk, nicht nur für diejenigen, denen sie gewährt wird, sondern auch für die, die sie gewähren.«

Als ich dort in diesem langen Saal saß, dachte ich an Salams Worte zurück. Sollte es tatsächlich so sein?

Zuerst schaute ich den Sohn an. Er hatte seine Augen zusammengekniffen und die Stirn in Falten gelegt. Ganz offensichtlich wollte er mich tot sehen. Dann legte ich meinen Blick auf den Vater.

Ich holte tief Luft und sagte: »Ich bin der Kommandeur der Soldaten, die versehentlich Ihre Angehörigen getötet haben. Ich bin heute hierhergekommen, um Ihnen, Ihrer Familie und Ihren Freunden mein Beileid auszusprechen.«

Ich hielt inne und ließ den Imam meine Worte übersetzen. Der Vater blickte kein einziges Mal vom Boden auf. Ich fuhr fort.

»Ich bin heute außerdem hierhergekommen, um Sie für diese schreckliche Tragödie um Vergebung zu bitten.«

Endlich hob der Vater den Kopf und blickte mir in die Augen. Sein Gesicht war ausdruckslos, aber in seinen Augen lag Güte. Sein Blick war tief, traurig, untröstlich, aber gütig. Mit einem Nicken gab er mir zu verstehen, dass ich fortfahren solle.

»Sir, Sie und ich sind sehr unterschiedliche Menschen. Sie sind ein Familienmensch, leben zu Hause mit vielen Kindern und vielen Freunden. Ich bin ein Soldat und habe die meiste Zeit meines Lebens im Ausland verbracht, von meiner Familie getrennt. Aber ich habe selbst auch Kinder, und mein Herz trauert für Sie.«

Tränen stiegen dem alten Mann in die Augen.

»Doch eine Sache, eine sehr bedeutsame Sache, eint uns«, sagte ich. »Wir glauben beide an einen Gott, der große Liebe und großes Mitgefühl zeigt. Sir, ich bete heute für Sie, dass er Ihnen in Ihrer Trauer Liebe und Mitgefühl zeigt und Ihren Schmerz lindert. Ich bete heute auch dafür, dass er mir und meinen Männern Gnade erweist für diese furchtbare Tragödie.«

Als ich auf den Vater und den Sohn blickte, vermochte ich kaum weiterzusprechen. Ich konnte ihren Schmerz nicht annähernd ermessen.

Der Vater nickte leicht mit dem Kopf. Noch einmal bat ich um ihre Vergebung.

Der Sohn lehnte sich seinem Vater zu und flüsterte ihm etwas ins Ohr. Der zornige Ausdruck im Gesicht des Sohnes hatte sich abgemildert. Das Feuer in seinen Augen war fort. Er sprach für seinen Vater und der Imam übersetzte.

»Haben Sie vielen Dank«, sagte der Sohn. »Wir werden in unseren Herzen keinen Groll gegen euch hegen.«

Wir werden in unseren Herzen keinen Groll gegen euch hegen.

Das ist das Wesen der Vergebung. Als ich Gardez an diesem Tag verließ, spürte ich, dass eine Last von mir genommen war; und ich hatte – was noch wichtiger war – neu zu verstehen gelernt, was Vergebung bedeutet. Ich betete, dass ich eines Tages jemandem gegenüber so gnädig sein könnte, wie der Vater es mir gegenüber gewesen war. Ich hoffte, dass ich eines Tages so gut sein könnte wie er.

* * *

Als Dylann Roof, der fanatisch an die Überlegenheit der »weißen Rasse« glaubte und neun Gemeindemitglieder der afroamerikanisch-methodistischen Bischofskirche in Charleston, South Carolina, ermordet hatte, vor Gericht stand, bekundeten die Familien der Opfer nacheinander, dass sie Roof sein abscheuliches und unfassbares Verbrechen vergeben.

»Ich vergebe dir und bin deiner Seele gnädig«, sagten sie.

Sie weigerten sich, sich die Last von Roofs Zorn aufbürden zu lassen.

André Comte-Sponville, ein ehemaliger Philosophieprofessor an der Pariser Sorbonne, schreibt: »Der Sinn der Vergebung ist, dass wir unseren eigenen Hass überwinden, wenn wir [den anderen] nicht dazu bringen können, den seinen zu überwinden; Selbstbeherrschung zu erlangen, wenn wir ihn nicht beherrschen können; zumindest diesen Sieg über den Hass und das Böse davonzutragen, anstatt Böses mit Bösem zu vergelten; zu vermeiden, ihm Komplize zu sein oder zum Opfer zu fallen.«

Die Familien wollten sich in diesem abscheulichen Akt des Hasses nicht zu Roofs Komplizen machen. Sie waren die Sieger, nicht die Besiegten.

Nicht jeder Akt der Vergebung muss indes auf etwas so Verabscheuungswürdigem basieren. Es scheint, als sei die heutige Gesellschaft leicht zu kränken. Wir sind schnell zu verärgern, und manch einer ist der Überzeugung, dass jedwede Kränkung, ob nun beabsichtigt oder nicht, einer raschen Zurechtweisung bedarf. Das Schwierigste, was ein jeder Held leisten kann, ist Vergebung. Es fällt leichter, einen Hügel hinaufzustürmen, ein Feuer zu bekämpfen und einen Irren mit Gewehr aufzuhalten. Vergebung fällt uns schwer, weil wir Angst haben. Wir haben Angst davor, dass die Vergebung uns den Zorn nehmen wird, der uns antreibt, den Hass, der uns motiviert, die rechtschaffene Empörung über die Ungerechtigkeit, die man uns angetan hat. Wir wollen den uns widerfahrenen Frevel unbedingt einspannen, wollen die Kraft der Ungerechtigkeit und die Wut des Missfallens spüren, um gegen den Missetäter auszuteilen und es vor uns selbst rechtfertigen zu können. Wir glauben, dass Vergeltung, ob nun groß oder klein, unsere Seele besänftigen wird.

Das wird sie nicht.

Als Christus ans Kreuz geschlagen war, gegeißelt und dem Tode nahe, blickte er himmelwärts und sprach: »Vergib ihnen, Vater, denn sie wissen nicht, was sie tun.«

Vergebung wird nie einfach sein. Das soll sie auch gar nicht. Es braucht einen starken Menschen, um zu vergeben. Aber der Akt des Vergebens wird Ihren Charakter unermesslich stärken, und er wird Sie von dem Hass befreien, der der Niedergang so vieler guter Männer und Frauen ist.

Seien Sie der Sieger, nicht der Besiegte.

Lernen Sie, zu vergeben.

Der Hero Code

Egal wie groß oder klein die Kränkung ist, die mir widerfährt, ich werde versuchen, sie zu vergeben. Ich werde der Sieger sein, nicht der Besiegte.

Epilog

Als ich den Konferenzraum betrat und meinen Platz am Kopf des Tisches einnahm, fragte ich mich, wie sehr mein Leben sich verändern würde. Nach siebenunddreißig Jahren in der Navy hatte ich meine Uniform gegen einen Anzug eingetauscht. Nun war ich Chancellor der University of Texas System. Mir oblag die Leitung von acht Universitäten, sechs akademischen Einrichtungen des Gesundheitswesens, 230 000 Studierenden und 100 000 Angestellten. Die Führungskräfte, die hier rund um den Tisch saßen, sahen nicht so aus wie meine SEALs und Soldaten. Es handelte sich um Pädagogen, Ärzte, Anwälte und ehemalige Universitätspräsidenten, und sie alle trugen Business-Outfits. Die Studierenden, die Lehrenden und die Forschenden, die ich bereits vor Antritt meiner neuen Stellung kennengelernt hatte, wirkten nicht so diszipliniert wie meine Ranger und meine Green Berets. Die ehemaligen Studierenden, die zivilen Führungspersonen und die Gesetzgebenden, denen ich während meines Wechsels begegnet war, waren anständige Leute, aber in meinem Herzen wusste ich doch, dass sie anders waren als die Kämpfer, mit denen ich gedient hatte. Wie gerne war ich unter Soldaten, Matrosen, Piloten, Marines und Zivilbeamten gewesen, und mir machte Sorge, dass ich womöglich niemals wieder Männern und Frauen solchen Charakters begegnen würde; dass ich niemals wieder Mut, Bescheidenheit, Opferbereitschaft oder Pflichtgefühl sehen würde, so wie ich sie während meiner Jahre bei der Navy erlebt hatte. Es stellte sich anders heraus: *Helden gab es überall!*

Es gab Helden in den Klassenzimmern, die die Kinder und Jugendlichen Amerikas unterrichteten und ihnen beibrachten, bessere Bürger zu sein.

Es gab Helden in den Krankenhäusern des gesamten Landes, die sich um die Kranken und die Sterbenden kümmerten.

Es gab Helden, die dafür sorgten, dass unsere Straßen frei von Gewalt und Verbrechen blieben.

Es gab Helden auf den Höfen und den Ranches, die arbeiteten, damit alle etwas zu essen auf den Tisch bekamen.

Es gab Helden, die zum Parlamentsgebäude marschierten, um ihre Stimme gegen Unrecht und Rassismus zu erheben.

Es gab Helden in den Hallen eben jenes Parlamentsgebäudes, die Gesetze verabschiedeten, um den Unterprivilegierten und den Unterdrückten zu helfen.

Es gab Helden in den Häusern überall in Texas und jedem anderen Bundesstaat, die hart arbeiteten, um ihren Kindern ein besseres Leben bieten zu können.

Und als das Schicksal in Form von Hurrikan Harvey zuschlug, als die Pandemie-Krise uns zu verschlingen drohte, als soziale Ungerechtigkeit zu Unruhen auf den Straßen führte, waren es eben diese Helden, die über sich selbst hinauswuchsen. Die Eigenschaften, die wir so sehr bewundern, leuchteten auf und erhellten uns den Weg nach vorn.

Der Hero Code ist kein unerfüllbares Wertesystem, dem keiner von uns gerecht werden kann. Ganz im Gegenteil, die meisten der Helden, die ich kennengelernt habe, und auch die meisten der Helden, die ich in diesem Buch vorgestellt habe, waren ganz gewöhnliche Leute, bevor sie mit ihrem Handeln die Feuerprobe antreten mussten. Ashley White war einfach nur eine junge Frau aus Ohio, die in der Army diente, aber ihr couragiertes Vermächtnis wird den Soldaten, die an ihrer Seite dienten, für immer in Erinnerung bleiben. Ralph Johnson war ein in Armut aufgewachsener Teenager aus den Südstaaten, den die Welt wohl Zeit seines Lebens übersehen hätte, hätte er sein Leben nicht für seine Kameraden vom Marine Corps geopfert. John Adams war ein nicht sonderlich bekannter junger Anwalt, als er die Verteidigung der britischen Rotröcke übernahm und den Verlauf des amerikanischen Justizsystems entscheidend beeinflusste. Die Menschen aus North Platte, Nebraska, waren einfach nur freundlich, als sie die in den Krieg ziehenden Soldaten versorgten – sie wussten nicht, dass ihr Mitgefühl das Leben so vieler junger Männer verändern würde. Dr. Jim Allison war in einer texanischen Kleinstadt aufgewachsen, und seine einzigen Tugenden schienen seine Neugier und seine zähe Beharrlichkeit zu sein. Nichts an ihm ließ darauf schließen, dass ihm wissenschaftliche Unsterblichkeit bestimmt war.

Was diese Menschen besonders machte, war ihr im Verlauf der Zeit geformter Charakter, den fürsorgliche Eltern, ein liebevoller Lehrer, ein anspruchsvoller Trainer, ein mitfühlender Polizist, ein nachsichtiger Pfarrer, ein vorbildlicher Soldat oder ein Freund mit einem herrlichen Sinn für Humor geprägt hatten. Durch Lernen, Reflektion und Erfahrung haben sie gelernt, mutig zu sein, bescheiden zu sein, für andere Menschen Opfer zu bringen, Männer und Frauen von Integrität zu sein, Mitgefühl gegenüber anderen zu zeigen, auch in schwierigen Zeiten beharrlich zu sein, anderen Menschen Hoffnung zu spenden, ihre Pflicht zu tun, wie profan diese auch scheinen mochte, auch in dunklen Zeiten zu lachen und denen zu vergeben, die sich ihnen gegenüber schuldig gemacht haben. Ein Held zu sein, das ist eine erlernte Erfahrung.

Lincoln sagte eins: »Ich werde mich vorbereiten und eines Tages wird meine Chance kommen.« Nun, eines Tages mag auch Ihre Chance kommen, ein Held zu sein. Eines Tages könnte eine kleine Geste des Mitgefühls das Leben einer anderen Person verändern. Eines Tages könnte eine kleine, aber mutige Tat das Schicksal einer Nation verändern, und eines Tages könnte ein kleines Opfer, das jemand zu bringen bereit ist, den Verlauf der Geschichte verändern. Sie müssen jetzt beginnen, sich vorzubereiten, indem sie von den Helden lernen, die vor ihnen kamen und die heute neben Ihnen laufen.

Es wird nicht einfach, ein Held zu sein. Es hat nie einfach sein sollen. Ein Held zu sein, kann schmerzvoll und enttäuschend sein. Mitunter kann es auch gefährlich sein. Wenn Sie sich behaupten oder einstehen für das, woran Sie glauben, werden Sie »die Pfeil und Schleudern des wütenden Geschicks« womöglich erdulden müssen. Aber es gibt einen Grund, weshalb wir Leute als Helden bezeichnen. Ihre Taten heben sie von der Masse ab. Sie setzen sich von denen ab, die auf unsicheren Füßen stehen oder auf der Wartebank sitzen bleiben, die nicht das Richtige zu tun vermögen, weil es ihnen an moralischer Stärke mangelt; und letztendlich machen Helden uns zu besseren Menschen, sie erschaffen eine bessere Gesellschaft und eine bessere Welt. So sehr ich auch gehofft haben mag, dass Superman, der Mann aus Stahl, da sein würde, um die Welt zu retten, er ist es nicht. Es liegt an uns, das zu tun. Es liegt an Ihnen, das zu tun.

Seien Sie der Held, den wir brauchen –
leben Sie den Hero Code!

Der Hero Code

1. Ich werde immer danach streben, *mutig* zu sein; einen Schritt nach vorn zu wagen, wenn ich mich meinen Ängsten stelle.
2. Ich werde daran arbeiten, *bescheiden* zu sein; die Grenzen meines Intellekts, meines Verständnisses und meiner Macht zu erkennen.
3. Ich werde lernen, *aufopferungsvoll* zu sein, indem ich denen, die dessen bedürfen, ein wenig von meiner Zeit, meinem Talent und meinem Vermögen gebe. An jedem Tag. Ohne Ausnahme.
4. Ich werde ein Mensch sein, der *integer* ist; jede Entscheidung, die ich treffe und jede Handlung, die ich unternehme, wird moralisch, rechtmäßig und ethisch sein.
5. Ich werde jeden einzelnen Tag wenigstens einer Person gegenüber gütig und *mitfühlend* sein, ohne dafür eine Gegenleistung zu erwarten.
6. Ich werde niemals aufgeben, wenn eine Sache für mich, meine Familie, mein Land oder meinen Glauben von großer Bedeutung ist. Ich werde *beharrlich* sein.
7. Welche Aufgabe man mir auch aufträgt, an welche Pflicht ich auch gebunden sein mag, ich werde sie nach bestem Wissen und Gewissen ausführen. Ich werde *pflichtbewusst* sein.
8. Ich werde meine einzigartigen Begabungen nutzen, um andere zu inspirieren – damit sie *hoffnungsvoll* auf ein besseres Morgen vertrauen können.
9. Ich werde bewusst *humorvoll* sein, um dadurch anderen Trost zu spenden; und ich werde niemals Angst davor haben, über mich selbst zu lachen.

10. Egal wie groß oder klein die Kränkung ist, die mir widerfährt, ich werde versuchen, sie zu *vergeben*. Ich werde der Sieger sein, nicht der Besiegte.

Danksagung

Ich möchte Rachel Kambury und Sean Desmond von der Hachette Book Group danken, sowohl für ihre Freundschaft als auch dafür, dass sie mich ermutigt haben, dieses Buch zu schreiben.

Wie immer wäre dies alles ohne meinen Freund und Anwalt Bob Barnett nicht möglich gewesen. Du bist der Beste im Business.

Außerdem bin ich mit der besten »Erstleserin« gesegnet, die man sich nur denken kann – meine Frau Georgeann. Ihre Gründlichkeit, ihre Ehrlichkeit und ihre aus Liebe herrührende Strenge haben einen kritischen Beitrag dazu geleistet, das bestmögliche Buch zu erschaffen.

Mein Dank gilt euch allen.

Über den Autor

Admiral William H. McRaven ist Autor der Bücher *Make Your Bed* (#1-*New York Times*-Bestseller) und *Sea Stories: My Life in Special Operations* (ebenfalls ein von der *New York Times* gelisteter Bestseller). In seinen siebenunddreißig Jahren als Navy SEAL durchlief er sämtliche Führungsebenen. Als Vier-Sterne-Admiral hatte man ihn zuletzt zum Kommandeur aller US-Spezialeinheiten berufen. Nach seiner Pensionierung von der Navy war er zwischen 2015 und 2018 Chancellor der University of Texas System. Heute lebt er mit seiner Ehefrau Georgeann in Austin, Texas.

Eine deutsche Übersetzung von *Make Your Bed* ist 2018 unter dem Titel *Mach dein Bett* im riva Verlag erschienen.